松岡修造の

弱い自分に負けないために

人生を強く生きる83の言葉

アスコム

大丈夫、
なぜならきみは
太陽だから

上を見ろ！
上には空と星だけだ！

イワナを見てみろよ。
イワナは、
余計な味付けは
いらないんだよ

今日からおまえは
富士山だ!

失敗したら、
ガッツポーズ

はじめに

「この一球は絶対無二の一球なり！」

　1995年、ウインブルドンでベスト8に入ったときです。僕は試合中に、この言葉を何度も大声で叫びました。日本テニス界の大先輩である福田雅之助さんが残した、僕の大好きな言葉です。

　試合中に何を叫んでいるんだと思った人も多いでしょう。でも、僕はそうやって集中力を高めないと相手に隙を与えると思ったのです。

松岡修造は常にポジティブで熱い男のようなイメージがありますが、人と比べるとかなり消極的で弱い人間です。だから、苦しいとき、辛いときは自分を鼓舞しようと「修造、がんばれ！」「大丈夫。できる」「絶対できる」と声に出し、ときには心の中で強く叫び続けてきました。

　今もそれは変わりません。自分を必死に応援しています。自分を自分自身で応援することは、消極的になりそうな自分、諦めそうな自分を前向きな気持ちにしてくれるからです。

　1996年の女子国別対抗戦・フェドカップでクルム伊達公子選手を応援している姿がテレビに映し出されたことで、僕に「応援する男」のイメージがついたようですが、実は以前から応援するのは好きでした。三度出場したオリンピックでも他の競技の選手から「応援に来てほしい」とチケットを渡されて、いろんな会場に行っては声援を送っていました。

試合に勝利しようと戦う選手を応援するのはもちろんですが、**僕は応援することで選手と一緒に戦っている感覚になります。**そして、選手からパワーをもらっています。試合が終わったときには選手と同じくらいの達成感を味わっているかもしれません。

現役を退いてからは、そんな「人を応援すること」が生きがいになっています。指導するジュニアの選手もそうですが、夢に向かってがんばっている人、あるいはタクシーの運転手さん、ショップの店員さんでもがんばっている姿を見ると、「がんばれ！」と心の中で応援しています。諦めかけている人やなんとなく生きている人にも声援を送っています。

そんな自称・応援親父の僕が発してきた言葉を集めたのがこの本です。現役時代に自分に対して試合中に言い聞かせた言葉、誰かに対してホームページや書籍、雑誌、講演会などを通して語った言葉、そのすべては僕自身が読んだ本、聞いた話、出会ってきた人・モノ・風景に触発されて生まれてきたものばかりです。

だからみなさんも、もしこの本に並んだ言葉の中で少しでも力になりそうなものを見つけたら、自由に使ったり、アレンジしてください。「修造、がんばれ！」を「俺、がんばれ」、「大丈夫。やれるぞ、修造！」を「大丈夫。やれるぞ、○○」と置き換えて使ってください。

僕自身がどのような状況でその言葉を使い、あるいはどんな考えからその言葉が生まれたのか解説はしていますが、みなさんなりの捉え方で好きなように解釈してください。

僕の言葉をヒントに自分なりの言葉を生み出すのもいいと思います。

言葉はその捉え方、考え方で自分の背中を押してくれたり、諦めそうな気持ちを叱ってくれたり、使い方でがんばった人への最高の褒め言葉にもなります。今回起きた東日本大震災という信じられない出来事の中で、松岡修造にできることは何かと考えたもののひとつがこの本でした。今を生きる人に向けて、心の底からの応援になると選んだ言葉です。その言葉がほんの少しでも誰かの力になってもらえたら、幸いです。

松岡修造

はじめに

第1章 自分を応援してきた言葉

01 ナイスボレー、修造！ …… 018
02 緊張してきた。よっしゃあー！ …… 020
03 やったー！俺の脳、いまブルブル震えて喜ぼうとしているよ！ …… 022
04 何万球打ってきたんだ、思い出せ！ …… 024
05 わがままではなく、あるがままに …… 026
06 自分を創るのは自分だ！ …… 028
07 僕はただ明るいだけ。そして、神経質なところがある。でも、それが僕だ！ …… 030
08 ベストを尽くすだけでは勝てない。僕は勝ちにいく …… 032
09 OK！ ナイストライ！ …… 034
10 崖っぷちありがとう！最高だ！ …… 036
11 そうだ、僕は、心から本当にテニスが大好きなんだ！ …… 038
12 ネガティブになったら、心の中でストップ …… 040
13 プレッシャーを感じられることは幸せなことだ …… 042
14 いまの僕には勢いがある …… 044

15 苦しいか？ 修造！ 笑え！ …… 046
16 いま ここ 修造 …… 048
17 ネクストタイム！ …… 050
18 よーし、絶対に勝つ。勝ったらケーキだ！ …… 052
19 迷ったら負ける！ 自分を信じろ、決断しろ！ …… 054
20 自分を好きになれ！ …… 056
column 今日から自分を強くする、修造流スペシャル特訓法1
明日のワクワクを寝る前に考える …… 058

第2章 あなたを応援する言葉

21 悔しがればいい、泣けばいい、喜べばいい。それが人間だ！ …… 062
22 何を言われてもイライラしなーい …… 064
23 君が次に叩く1回で、壁は打ち破れるかもしれないんだ！ …… 066
24 好き、は必ず見つかる …… 068
25 悩み坊、万歳！ …… 070
26 失敗したらガッツポーズ …… 072
27 三日坊主ＯＫ！ …… 074

28 真剣に考えても、深刻になるな！…… 076
29 真剣だからこそ、ぶつかる壁がある …… 078
30 大丈夫、なぜならきみは太陽だから …… 080
31 大丈夫。大丈夫って文字には、全部に人って文字が入っているんだよ …… 082
32 勘違いを特技にするんだ！ …… 084
33 夢をつかみたいなら、今日から君はタートルだ！ …… 086
34 ゴールの最後までなんで力を出さないんだよ …… 088
35 おまえの終わり方は、なんとなくフィニッシュだ！ …… 090
36 性格は変えられない。でも心は変えられる …… 092
37 チャンスをピンチにするな！ …… 094
38 今日からおまえは富士山だ！ …… 096
39 お米の苗のように心に強い根っこを持て！ …… 098
40 答えは自分の中に全部ある …… 100
41 偶然やラッキーなどない。つかんだのはおまえだ！ …… 102
42 がんばれ！ではなく、がんばっているね！ …… 104
43 チャンスは何度でもある。そのときは必ず来る！ …… 106
44 反省はしろ！後悔はするな！ …… 108

45 緊張した時は
心を入れて息を吐いてみよう！ …… 110
46 二重人格は素敵だ！ …… 112
47 勝ち負けなんか、ちっぽけなこと。
大事なことは
本気だったかどうかだ！ …… 114
48 負けたことは悪いことじゃない！ …… 116
49 自分の弱さを認めたとき、
人は、前進する勇気が湧いてくる …… 118
50 あなたが変われば、
周りも変わる …… 120
51 心の底から好きなことに
本気で取り組めるなら、
それは幸せ …… 122
52 何よりも大切なのは、
あなた自身がどうしたいかだ …… 124
53 後ろを向いているのはあなただ。
前を向け、心も体も …… 126
54 諦めんなよ！
どうしてそこでやめんだよ！ …… 128
column 今日から自分を強くする、
修造流スペシャル特訓法2
嫌なことは密室で叫ぶ …… 130

第3章 日本人に届けたい言葉

55 思いやりは、
みんなの心にあるんだよ …… 134
56 人を感じてください。
信じてください …… 136
57 みんな竹になろうよ …… 138

58 上を見ろ！
上には空と星だけだ！ …… 140
59 いいときも、悪いときも、
とにかく自分に正直になることが
いちばん大事なんだ …… 142
60 上海見てみろ。
上海になってみろ！ …… 144
61 不平・不満はポイズンだ！ …… 146
62 笑顔は重なる、
笑顔はエネルギーになる！ …… 148
63 家族は史上最強の味方だ！ …… 150
64 がんばる、という言葉は
とても明るい言葉だと思う …… 152
65 たくさんの人たちを
押しのけてきているからこそ、
がんばらなきゃいけないんだ …… 154
66 消極的とはすぐにおさらば！
消してしまえばいい …… 156
67 温泉はなあ、
人のことは癒しても、
温泉自身を癒したことはないぞ …… 158
68 お醤油ベースのお吸い物にあんこ。
非常識の中に常識あり …… 160
69 おまえは
誰に育ててもらったと思ってんだ。
ホタテはな、
海に育ててもらったんだぞ！ …… 162
70 何かができない理由は、
年齢じゃない …… 164
71 桜を見てみろよ。桜はな、
1年のこのときのために
すべて出しているから美しいんだ …… 166
72 味わってますか？ 人間味 …… 168

73 影には力がある。影の下の力持ちと言うだろ …… 170
74 人間には思いもよらない力があるんだ …… 172
75 予想外の人生になっても、そのとき、幸せだったらいいんじゃないかな …… 174
76 稲穂のようなおじぎができたら素晴らしいと思いませんか …… 176
77 泥んこ、ばんざーい！ …… 178
78 なにごとも反復力だ！ …… 180
79 イワナを見てみろよ。イワナはな、余計な味付けはいらないんだよ …… 182
80 大切なのは心の環境だよね。環境を変えられるのは、自分の心 …… 184
81 見た目で判断すんじゃないよ。心で感じろ！ …… 186
82 蓮根畑のように粘っこく生きろよ！ …… 188
83 曇って見えない富士山はな、心で見るんだ！ …… 190
column 今日から自分を強くする、修造流スペシャル特訓法3 鏡に向かって誓え！ …… 192

第1章

自分を
応援してきた言葉

01

「ナイスボレー、修造！」

自分で自分をほめて苦手意識を追い払う

プロテニスプレーヤーになったばかりの頃、僕はボレーショット（ボールがバウンドする前に直接相手のコートに返すショット）が下手でした。だから、ボレーが決まる度に試合中でも**『ナイスボレー、修造！』**と自分をほめていました。観客の失笑を買ったり、「どうしちゃったの？」と思われたかもしれませんが、プラスになることだと思ったので全く気にしませんでした。

そうやって、何度もほめているうちに「俺は、ボレーが巧いんじゃないか」と自信を持つようになってくるんですね。ネット際にボールが来たときの動きはどんどん良くなり、その自信はウインブルドン・ベスト8入りにつながりました。

人からほめられるとうれしくなり、気持ちが楽になりますよね。それはポジティブな言葉で脳のネガティブな部分がリセットされるからです。僕は自分をほめることで、脳をリセットして苦手意識を追い払いました。

気持ちが弱かったからこそ、自分を必死に応援していました。**苦手なことに取り組むときは、人にほめられるのを待たずに自分で自分を本気でほめてみてください。**「よし！」「さあ、やるぞ」といった掛け声でＯＫ。ポジティブな言葉が脳をリフレッシュさせていい効果を生むはずです。

02

「緊張してきた。
よっしゃあー！」

緊張は本気の証。不安に思うことはない

緊張するのは、自分自身が本気になっている証拠です。僕自身、テレビ番組や講演会など人前で話すときは、今でもかなり緊張しています。手が氷のように冷たくなり、心臓の鼓動が聞こえるときもあります。

でも、緊張している状態は嫌いではありません。極度に緊張するのは、「この思いをしっかり伝えたい」「この試合は絶対に勝ちたい」、そんな気持ちが強いからです。

なんとなく中途半端だったら、緊張しないはずです。それだけ自分が本気になっている証ですから、「緊張してきた。どうしよう」と不安を覚えてはいけません。逆に『緊張してきた。よっしゃあー！』というぐらい、自分を応援したり、喜んじゃいましょう。

人前で緊張するのは、人間の自然な反応です。特異な反応ではありません。これっぽっちも恥ずかしくないですよ。

自分の本気を真っ直ぐぶつけるぐらいの気持ちで目の前のことに取り組んでください。そういうシーンを乗り越えると人は強くなります。思わず逃げ出したくなるような緊張感がなくなったら、成長するモチベーションもなくなってしまいます。

03

「やったー！
俺の脳、
いまブルブル震えて
喜ぼうとしているよ！」

壁にぶつかったら
自分を成長させるチャンス！

仕事が思うように進まなかったり、悩みごとがあったりすると苦しいなと思いますよね？　そんなときに、人間の体中で喜んでいる場所が１カ所だけあります。それは「脳」です。

脳科学者の茂木健一郎先生も言っていたのですが、「**脳は苦しいなあと思うときほど喜んで動いている**」そうです。

仕事でも勉強でも、自分の能力の限界を感じる時間、限界の難易度を設定して取り組んでみてください。それをやり遂げたときに脳は最高に喜んで、強烈な記憶として残り、学習効果も上がるはずです。

僕はそのことを知ってから、いいアイデアが浮かばなかったり、難解な本を読んでなかなか理解できないときに『やったー！　俺の脳、いまブルブル震えて喜ぼうとしているよ！』と思うようになりました。

バカだなと思うかもしれませんが、僕はそう思うと、いいアイデアがどんどん浮かんできます。本を読むスピードも速くなります。

壁にぶつかったなと思ったら喜びましょう。そして壁を乗り越えたときには子どものように素直に喜びましょう。そうしたらさらに脳も喜んでどんどん自分を成長させることができますよ。

04

「何万球
打ってきたんだ、
思い出せ！」

積み上げた経験は自分の力になっている

人は異変が起きたり、追い込まれたりすると、ついこれまで積み上げてきたものを忘れがちになります。

アスリートにもその傾向はあります。テニスでいえば、試合前日に雨が降ってコートで練習ができなかった。フィギュアスケートであれば、リンクに人が多すぎて前日練習ができなかった。その日、練習できなかったことで勝利が遠のくような感覚になります。僕も現役の頃はそうでした。

でも、アスリートはそれまでずっと練習してきています。1年間365日が練習、練習、練習。試合前日、たった1日だけ練習できなかったからといって、それまで積み上げてきた実力は何も変わりません。前日に練習するのは単に安心感を求めているだけ。でも、その欲求があるから不安が生まれるのです。だから『何万球打ってきたんだ、思い出せ！』なんですね。それまでの準備、積み重ねた経験を思い出せばいい。1日やそこらで消えていく生半可な力ではないはずです。

人生も仕事もそうです。**それまで積み重ねてきた経験が自分自身であり、自分の能力です。それ以上でも、以下でもない。**短時間で劇的に変わるものでもありません。だから、自分を信じて一所懸命に過ごすことだけに集中してください。積み上げてきた自分の力を十分に発揮できますから。

05

「わがままではなく、あるがままに」

あるがままの自分が
いい人間関係をつくる

誰にでも、必ずつきまとう人間関係の悩み。気が合わない人と会わないようにできれば悩むこともないのですが、会社の上司や同僚、あるいは仕事でお付き合いする人はそうもいきません。

そういうときは表面的に人間関係を良くしようと、自分の気持ちや考えを押し殺そうとする人が多いと思います。

でも、自分の気持ちを押し殺してまでバランスを取る人間関係は必要ないんじゃないでしょうか。もちろん、多少の我慢や気遣いは必要です。だからと言って、自分自身をなくしてしまうような関係がいいとはどうしても思えません。それはいい関係をつくっているようで、実は関係性が全くできていなかったり、結果的に関係を悪化させることにもなりかねません。特に、プライベートで自分を押し殺すことはないと思います。

では、どうするか。**自分のやりたいことや思いを相手にしっかり伝えましょう。**ぶつかることもあります。それでいいじゃないですか。お互いに自分の意見を出してみると、認め合える部分も見えてきます。そうやって人間関係はつくられていくものです。もちろん、自分のわがままを押し通すだけではいい関係は築けません。基本になるのは、『あるがまま』。そこを意識して素晴らしい人間関係をつくりましょう。

06

「自分を創るのは自分だ！」

自分の考えや決断だけが自分らしさにつながる

みなさんは「自分」を持っていますか？

日本では、何もかも答えが用意され、つくられていく傾向がありますよね。これは教育の問題なんでしょうか。僕が教えるテニスのジュニア選手も「どうすればいいんですか？」とすぐに答えを求めてきます。でも、僕はあえて何も答えません。僕が答えを出してしまったら、その子は考えなくて済むからです。それを繰り返すと、自分を創れなくなってしまうんです。**自分の答えは自分で考えて、決断して、経験しなければ出てきません。**それが『自分を創る』ということです。

だから、人の真似でもいけません。自分がないからです。誰かの枠に収まっていて、言われたことだけをやって、何かあればすべて誰かに質問する。そんな状態では、世界中にたったひとりしかいない自分を、自分自身が見失ってしまいます。自分の本当の良さは自分が最も分かっているものです。自分でしか創り上げることはできないのです。周りの言葉は一つのアドバイスと考えて、本当の自分を創り上げていきましょう！

大切なのは、何事も自分で考えて決断してみること。仕事のやり方でも、思いの伝え方でも、自分で考えてみましょう。その積み重ねこそが「自分」になっていきます。

07

「僕はただ明るいだけ。
そして、
神経質なところがある。
でも、それが僕だ！」

人には変わらない部分もある
それを受け入れると次に進める

現役時代、メンタルトレーニングに取り組む中で、リラックスしてプレーできるように努力した時期があります。でも、気づいたんです。力を入れ、声を出す。それが自分らしさだと。

声も出さず、ガッツポーズもつくらず、力まずにプレーしても、それは僕ではない。そういうプレーをしようと努力しても、僕自身が満足できませんでした。力が入って硬いけど、一所懸命さが伝わってくるのが僕のテニスです。その部分を変えてしまったら、松岡修造ではなくなります。僕としては、肩の力を抜いてプレーするなんて面白くありません。そうしても勝てるとは思えませんでした。

もちろん、一所懸命に泥臭くプレーするよりも、リラックスしてスマートにプレーする方がいい部分もあったでしょう。試合中に足が痙攣することもなく、大きなガッツポーズで体力をすり減らすこともなかったかもしれません。でも、それが自分なんです。そう自分で認めて、その中でがんばっていくしかない。

誰でも、変えようと思っても変わらない部分があると思います。

でも、**それが自分なんだと受け入れたところから道が開けてくる**ものではないでしょうか。

08

「ベストを尽くすだけでは勝てない。僕は勝ちにいく」

「ベストを尽くす」に言い訳は入れない

僕はベストを尽くすことが大好きです。

なぜなら、それ以上はできないからです。でも、「ベストを尽くす」という言葉の中に言い訳が入り込んでいるのはいけません。「ベストを尽くすのだからどんな結果になっても仕方がない」という言い訳です。つまり、負けても失敗してもいいということです。

ベストを尽くすというのは最高の言葉ですが、心のあり方次第では使い方に工夫が必要です。

僕が勝ちにいくとまで言い切った相手は実力的に強い相手でした。ベストを尽くすけど、多分、負けるだろうなという弱い気持ちがあったから、「勝ちにいく」という言葉を付け加えて自分を鼓舞しました。

人は最高の言葉を使いながら、実は逃げていることがあります。それはいいことではありません。

だからこそ、『ベストを尽くす』という言葉を使うときには、自分の心にしっかり聞いてください。もし、言い訳しようと考えているようなら、『ベストを尽くす』の後に「必ず契約を取る」「完璧な企画書にする」といった具体的な言葉を付けた方が強い気持ちになれます。

「OK! ナイストライ!」

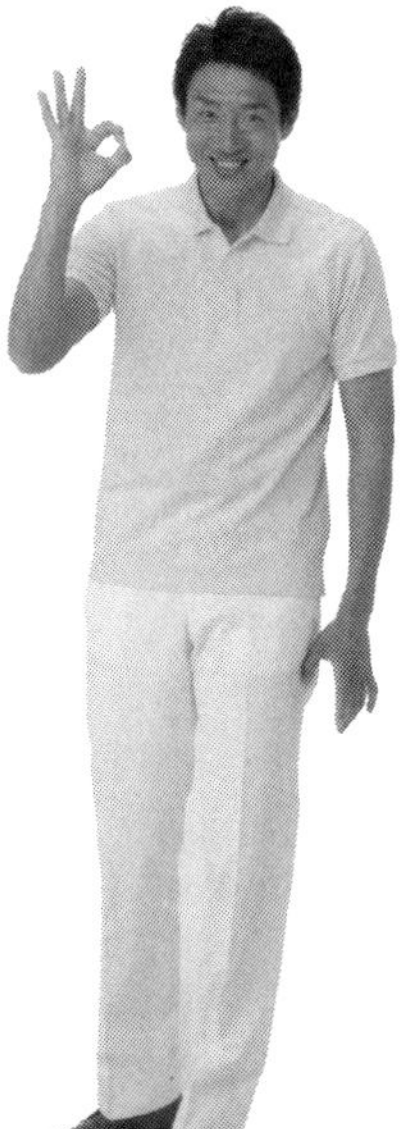

トライに
バッドトライはない

「トライ」という単語には、自信を持つために必要な要素が入っています。トライするということは「試しにやってみる」「失敗するかもしれない」「うまくいくために努力する」という意味があります。

どんなことでもやってみることから始まります。夢が大きいほど、一度の失敗もなくたどり着くことはないと思います。努力することなく自信が持てるようになることもないでしょう。

トライすることに悪い要素はなにひとつありません。

だから、成功しても失敗しても『OK！　ナイストライ！』です。目標に向かってトライしている段階で、既にナイストライなのです。バッドトライはありません。

トライして失敗したからといって「やらなければよかった」なんて思わないでください。そういうときこそ、心の底から『OK！　ナイストライ！』と自分をほめましょう。トライしたことを後悔してしまったら、がんばったことすべてがなくなってしまいます。それまでの自分を否定することにもなってしまいます。

うまくいかなくても、失敗しても、『OK！　ナイストライ！』。

その言葉を言い切ることでどんどん未来が広がっていきます。

10

「崖っぷちありがとう！最高だ！」

崖っぷちは本気になれる場所
自分からつくるのもいい

崖っぷちは、本気になるチャンスです。**追いつめられているわけですから、これほど無我の境地で最高のものを出せるときはない**でしょう。崖っぷちには感謝すべきです。諦めたり、もう嫌だと思わずに、『崖っぷちありがとう！』と思うほど前向きな気持ちになりましょう。

僕は崖っぷちをあえて自分でつくるようにしています。言い換えるとプレッシャーを自分にかけます。もちろん、命に関わるような崖っぷちはつくりませんが。「これができなかったら次はないぞ！」という状況です。簡単な方法では、時間を区切ります。「この企画書を30分で考える」「資料を15分で揃える」。そうすると脳は活性化されます。集中もします。自分の能力も上がります。

僕の場合は、視聴率でも崖っぷちをつくります。「この番組で視聴率を10%取らなければ次がない！」。そのために僕が誰とどんな話をして、どんなことをすれば少しでも多くの人が観てくれるかを相当練り込みます。

でも取れないときもあります。崖っぷちから落ちることがあってもいいと思います。落ちることを考えるより、どうやって崖っぷちをつくるかの方が大切です。いい崖っぷちをつくれたときは、落ちたときにかなり悔しいはずです。でもそれが、次の崖っぷちに挑む気持ちになっていきます。

11

「そうだ、僕は、心から本当にテニスが大好きなんだ!」

寄り道するのも一所懸命にやろう

高校1年生のとき、僕は全くテニスをしない時期がありました。テニスよりも好きなものがあったからです。麻雀です。学校から帰ってきて「テニスに行ってきます」と言いながら、麻雀をしていました。徹夜でやったり、休日になれば2日間ずっと麻雀。夢の中でも、麻雀の牌が浮かぶほど必死にやっていました。テニスも麻雀も心理戦。しかも、それは得意分野。だから、のめり込んだのかもしれません。

真剣だったからこそ、「これでいいのか？」という思いが膨らんできました。そして、テニスが好きだということに気づいたんです。なんとなく麻雀をやっていたら、テニスに対する思いに気づかなかったかもしれません。

人生の中で寄り道をすることはあります。それは悪いことではありません。ただ、なんとなく寄り道するのはいいことではないと思います。寄り道するのも一所懸命がいいのです。

僕のテニスは、麻雀にのめり込んだおかげで大きく変わりました。麻雀をするまでは相手の嫌なところだけを突き、ミスを誘う嫌らしいテニスでした。でも、麻雀からテニスに戻ったときには、自分からポイントを獲りにいく攻撃的なプレーに変わりました。**寄り道も真剣にやればやるほど、学ぶこともたくさんある**のだと思います。

12

「ネガティブになったら、心の中でストップ」

ネガティブ思考は早い段階で食い止める

何をするにしても、ネガティブになろうと思えば、簡単になれます。「仕事がなくなるんじゃないか」「今日は何だかだるい」「何もしたくない」。そう思うことで気持ちがポジティブになるなら問題ありません。

でも、ネガティブな思考は、思う度に自分の中で絶対的な事実になっていきます。口に出すと、それを耳にした周りの人にまで伝染して、全体に負の雰囲気を生み出してしまうのです。

超ポジティブ思考と思われている僕も、ネガティブ思考になることはよくあります。そんなときは、心の中で『ストップ！』と言います。「それ以上、入ってくるな！」と。**僕の場合、毎日１００回以上は言っています。**

ストップだらけ。それほど人はネガティブになりやすい生き物なのです。

だからと言って、『ストップ！』と言えばネガティブなものが消え去るわけではありません。『ストップ！』はネガティブになっていないようにふるまう言葉です。人によっては、そんな僕が能天気に見えるようです。疲れたときに「疲れていない」と言っても、本当は疲れているわけですからね。

そんなときはポジティブな言葉をひとつ付け足します。「疲れた。でも、もうひと踏ん張りだ」「できない。でも、トライしてみよう」。そうすれば、前向きな気持ちになれるはずです。

13

「プレッシャーを感じられることは幸せなことだ」

期待されているからこそ
プレッシャーを与えられる

プレッシャーは自分でつくり出すものではありません。周囲につくられていくものです。だから、その量を減らしたいと思っても、自分ではコントロールできません。できることは、プレッシャーをどう捉えるかということだけです。アスリートはそうしたプレッシャーとのつき合い方次第で、選手生命すら短くしてしまうこともあります。

でも僕は、プレッシャーを感じられるのは幸せなことだと思っています。それは、プレッシャーは周りが期待している証だからです。**期待できない人に「あなたならできる」と期待するわけがありませんよね。**

ただ、期待に応えようとがんばっている人にはプレッシャーが苦痛になることもあります。そこで後ろ向きになったら精神的に押しつぶされます。「プレッシャーは幸せの証」と、前向きに捉えることができれば、さらに力を発揮できます。そんなプレッシャーの持つ二面性を理解して、自分のプラスになるように活かせるのが理想的です。

自分もプレッシャーを与える側になることも理解してください。応援するアスリートや仕事仲間などに「がんばれ！」と言っていませんか？　それがプレッシャーになっているかもしれません。でも、悪意はありませんよね？　やはり、プレッシャーは期待の現れなんです。

14

「いまの僕には勢いがある」

勢いのある自分を自分で止めてはいけない

競泳の北島康介選手は、北京オリンピック前に僕にこう言いました。「いまの僕には勢いがある」。2大会連続の金メダルがかかっていた状況での強気なコメントに驚きました。でも、彼はそう言って自分をコントロールしていたのでしょう。日本人には謙虚でなければいけないという考えがありますが、北島選手のように口に出して自分を高めるのも大事です。

スポーツでトーナメントを勝ち上がっていく、自分より強い相手に勝つときは勢いがあるものです。でも、その**勢いは長く続きません。続かないからこそ、勢いがあると思ったら止めてはいけません。**勢いを止めるのは、自分です。「こんなところまで勝ち上がっちゃった」「今の自分はこのあたりが限界だろう」……。

勢いがあるときは、自信を与える言葉を大切にしましょう。海外の人は勘違いして「俺は強いんだ」と突き進んでいける力を持っていますが、日本人はどうしても腰を引いてしまいがちです。

人生でも勢いがある時期はやって来ます。勢いがあると思ったら疑ってはいけません。その勢いにどれだけ長く乗れるかで人生は大きく左右されます。そのために準備を怠ってはいけません。サーフィンのように、勢いはいつ来るか分かりませんから。心はいつもパドリングしていましょう。

15

「苦しいか？修造！笑え！」

笑うことで
乗り切る力が湧いてくる

１９９２年、ウイルス性の病気で３カ月の療養を余儀なくされたことがあります。当時、僕は世界ランキングが自己最高の46位になるほど絶好調。しかし治療法は安静。トレーニングもできませんでした。

苦しい時期でしたが、そこで大切なことを覚えました。笑うことです。笑うことで前向きに生きられます。困難なときほど笑うことで乗り切る力が湧いてきます。

復帰してからは試合中でも笑うことを意識しました。テニスは過酷なスポーツです。試合では１つのプレーが終わるだけで脈拍が１８０近くになります。フルセットを戦うと30キロぐらいはダッシュしているような状態になります。トレーニングをしているので耐えることはできますが、それでもむちゃくちゃ苦しいです。そんなときに苦しい表情を浮かべてしまうと余計に苦しくなります。しかも、相手選手に「修造は疲れているな」とエネルギーを与える結果になるので、さらに苦しい。

だから、笑う演技をするわけです。**苦しいときほど清々しい表情を浮かべて笑います。そうすると、なぜか疲れも苦しさも吹き飛びます。**自分自身さえも騙しているのです。困難を乗り切る効果的な方法なので、ぜひ試してみてください。

「いま ここ 修造」

自分流にすれば新たな気づきがある

読書をしたり、講演を聴いているときも、常に意識するのは「自分ならどうするか」です。『いま　ここ　修造』は相田みつを先生の「いま　ここ自分」を僕自身に置き換えた言葉ですが、そうすることで読んだことや聴いたことを自分のものにしていけます。

僕は「自分ならこうする」と書き込みながら本を読みます。何となく読書したり、トレーニングしたりでは貴重な時間がもったいないと思いませんか。自分ならどうするかを常に考えて自分流に改良していけば、読書もトレーニングも力になります。

僕は速読を習ったことがあります。ベースになるのはイメージでした。文字を読むスピードが速くなるイメージを持って練習するのですが、確かに速く読めるようになります。それだけイメージは人の能力を開花させる力があります。

そんなイメージの力を自分流に改良してテニスの指導にも生かしています。ジュニアの選手に最高のプレーをビデオで見せて、それ以上のいいプレーを頭の中でイメージさせます。何度も繰り返して見せてから練習に入ると、最初からそこには強い選手がいます。何事も自分流にすることで新たな発見や気づきになるものです。

17

「ネクストタイム！」

悩んでも変わらないことは
きっぱり割り切る

『ネクストタイム！』は「次に行こう！」という意味です。割り切るということです。必要以上にこだわらず、前を向いて次に進むことが大切なときがあります。そんなときに**「どうしてできなかったのか」と考え込んだら、ネクストタイムではなくコンティニュー**になります。何度も後戻りして、次の一歩を踏み出すのに時間がかかってしまいます。

たとえば、失敗したプレゼンの原因を考えるのは大事なことですが、失敗したという事実はきっぱり割り切った方がいいですよね。いつまでくよくよしても、失敗した事実は変わりませんから。そういうときに気持ちを0に戻す言葉が『ネクストタイム！』です。

口に出すときには言い切りましょう。言い切ると勢いがつくので次に向かう気持ちをつくりやすいからです。つぶやくように言ってしまうと、次に行かずに戻ってしまいます。「次があるからいいじゃん。でも……」というふうに。『ネクストタイム！』は終わったことだと区切りをつけるための言葉なので、使うときのポイントは言い切ることです。

前向きな言葉ですから、一所懸命やった結果としての失敗でない限りは出てきません。何となくやって失敗したときには、『ネクストタイム！』ではなく「何してんだ！」という言葉になるはずです。

18

「よーし、絶対に勝つ。
勝ったらケーキだ！」

目標を達成したら必ずご褒美を用意しよう

小さな目標でもご褒美を用意するのは大事なことです。大きな目標に近づいていくための非常にシンプルな方法です。

子どもの頃を思い出してください。「お手伝いが終わったら、ジュースをあげる」「逆上がりができるようになったら、おもちゃを買ってあげる」。そう言われたら、いつもよりがんばったはずです。そのうれしさは大人になっても同じだと思います。

僕自身も自分にご褒美を用意します。「この仕事が終わったら、ケーキだ」と思うだけで燃えてきます。もちろん、ご褒美にしなくてもケーキは買えます。あえて、ご褒美にするのがいいのです。

人は常に達成感を求めます。**ご褒美があれば、その達成感は倍増する**でしょう。また、次もやり遂げるぞという思いも強くなります。何かを達成したときに、うれしい状態をつくることで次につながるというわけです。

僕にとって、ケーキは「おめでとう」と言われているようなものです。どんな些細な目標でも、ご褒美をプラスすることで大きな達成感を味わえます。次の契約が取れたら、欲しかった時計でもＯＫ。自分で自分のためにご褒美を用意しましょう。

19

「迷ったら負ける！自分を信じろ、決断しろ！」

人に惑わされた答えは言い訳になってしまう

人は迷うものです。人生は迷いの連続です。迷ったときは、自分自身に問いかけてみましょう。答えは必ず見つかるので、じっくり自問自答してください。時間を気にする必要はありません。ただし、最終的には自分で決断しないと前には進めません。

迷うことは悪いことではありません。誰もがいい選択をしたいから迷うのです。だから、迷うことで落ち込む必要はないと思います。

なぜ、人は迷うのか。実は、元々の迷いはたかが知れています。結論も出ていることがあります。でも、そこに情報が入ってきたり、人に相談することで迷いは深くなります。

人に相談するなとは言いませんが、意見の捉え方が問題です。人の意見はあくまでもアドバイス。よりいい迷いをするための意見だと思ってください。

最も悪いのは「この人がこう言っているから」という迷いです。僕もそう思うことがありますが、自分の迷いに他人は関係ありません。その迷いはただの言い訳。「この人がこう言ったから正しいよね」という言い訳です。そう自分に言い聞かせているだけです。

自分で決断すれば、その結果の良し悪しに関わらず納得できます。

20

「自分を好きになれ!」

すべての土台は自分を好きになることから

まず今の自分を好きになることがすべてのベースです。**自分を好きになれないと、他人も好きになれません。前向きになることもできません。**人にやさしくするのもうわべだけになります。自分を好きだと思えない人と本気で友達や恋人になりたいと思う人も少ないと思いますよね。

そうは言っても、自分を好きになれない人もいるでしょう。だったら、まず自分の長所だけに目を向けてください。短所は無視しましょう。自分の長所が分からない？　そんなことはないはずです。人には必ず長所があります。

どうしても分からない場合は、友人や家族にたずねてみるといいでしょう。今まで気づかなかった自分の長所を知るいい機会になります。そのうえで「自分が好きだ！　好きだ！　好きだ！　大丈夫」と鏡に向かって言い聞かせてください。

僕自身は自分のどこが好きかと言えば、すべてです。長所も短所も含めてすべて自分だと受け入れています。それが自分を本当に好きになるということなのです。

明日のワクワクを寝る前に考える

僕はラーメン一杯でも美味しく食べる方法を編み出しています。はっきり言って、他人から見るとどうでもいい方法です。でも、僕にとっては美味しく食べる最高の方法です。

自分を強くしようと取り入れている方法もあります。なぜ、そんなことをするのか。僕が弱いからです。最初から強い人間なら何もする必要はないのかもしれませんが、そういう人は少ないと思います。ただ、強くなることはできます。

ポイントは積極的なことを自分の中に取り込んで、消極的なことは吐き出すということです。これだけでも気持ちは前向きになり、仕事にも勉強にも積極的に取り組んでいけます。

そんな修造流スペシャル特訓法を3つ教えましょう。

最初は、夜、寝るときに僕がやっている明日を楽しくする方法です。

ポイントは、寝るのも一所懸命です。

1日の中で人は眠りに入る前が一番大切な時間だといわれています。潜在的な意識が最もいい状態になっているからです。入り方が悪いと自分の思いが弱くなるそうです。

だから、寝るときに消極的なことを考えることは、どんどん弱い人間に自分を変えていくことになります。

消極的なことを考え始めると、やめようと思っても難しいものです。無意識にどんどん連鎖していきます。そんな状態で眠りに落ちてしまったら、自分本来の心を弱くすることになります。

そこで、僕は楽しいことを意図的に考えるようにしています。大好きなことを考える、想像するのは誰だってできることです。趣味を存分に楽しんでいる姿を思い浮かべる、好きな人とデートをしているときを想像する、すべて思うがままに楽しいことを考えられるはずです。

そんなことを思い浮かべると脳も心も体もワクワクしてきます。ワクワクして眠れなくなると思っていませんか？　僕は眠れなかったという経験はありません。ワクワクしながらぐっすり眠れます。

僕は毎日、その日にあった大好きなことを寝る前にもう1度振り返りま

す。**たとえば、その日大好きな鮨屋で食事ができたとします。そんなときは、僕は寝る前にもう一度、鮨屋さんに行ったことを思い出します。**お店の雰囲気も、ネタも同じです。はっきりイメージできるので、「美味い！」と思うのではなく、美味いんです。お鮨の味が口の中に広がります。僕の才能といえるかもしれません。このシチュエーションを1週間は楽しむことができます。

気持ちも心も満腹で眠れるので、寝るのが楽しみになります。寝起きも最高です。熟睡もできるので、あっという間に朝が来ます。

楽しいこと、好きなことを本気で思い浮かべれば、体はリラックスして最も喜ぶ状態になるでしょう。そうすることが、翌日の活力にもつながり前向きな気持ちにもなるはずです。

第2章

あなたを応援する言葉

21

「悔しがればいい、
泣けばいい、
喜べばいい。
それが人間だ!」

喜怒哀楽の爆発は感性を鋭くする

感情を表に出すことがカッコ悪いと思う人が多いような気がします。思いきり泣いたり、喜んだりすることに冷めています。

周りを気にしているからでしょうが、自分自身のことだけを考えたら、感情を抑える必要なんて全くありません。喜怒哀楽を爆発させましょう！

そうすれば、感性が鋭くなります。自分のことがよく分かります。感情を思いきり吐き出しているときは、自分自身になれる瞬間なんです。

たとえば、「泣く」ことはストレス解消に最高だといわれます。僕は泣くことは涙を流すからいいのではなく、自分自身になれるときだからいいと考えています。誰かの話を聞いたり、テレビや映画を観て感動したときに涙が流れる。それは人に見せようと思って泣いているわけではありません。自分の心がそうなっているのです。まさに、自分らしくなっている瞬間だと思いませんか。

そうやって**自分の感情に素直になると、人の気持ちも分かるようになる**ものです。人生も面白くなります。楽しいことがより楽しくなって、辛いことがより辛くなる。感じる力が強くなると、一所懸命に考える原動力にもなります。楽しいことをもっと楽しくするために、辛いことから抜け出すために、もっと素直に感情表現しましょう。

22

「何を言われても
イライラしなーい」

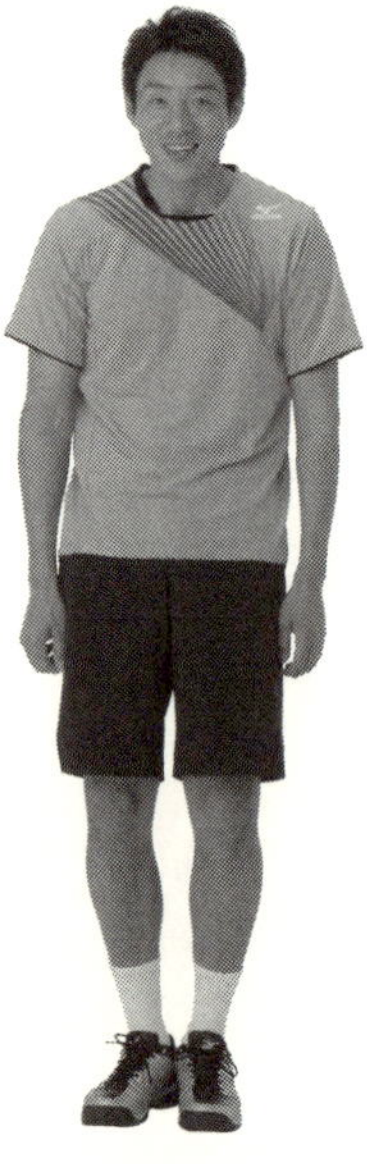

イライラ解消のポイントは あくまでも「軽く」

仕事をしているとき、僕はあまりイライラしません。テニスから学んだワザです。テニスはイライラしっぱなしのスポーツだからです。テニスコートはストレスを抱えようと思えば、無数につくり上げることができる場所です。自分に、相手選手に、天候や風などの自然条件にもイライラします。

だからといって、どんなときでもイライラしないわけではありません。僕だってイライラします。

『何を言われてもイライラしなーい』というのは、僕が目指している境地です。**イライラしなければ、いろいろなことに積極的に関わっていける**からです。ポイントは「イライラしなーい」という軽さ。「イライラしないぞ！」と構えていると、余計にイライラします。ここは、鈍感になることも大事です。

でも、人は緊迫感が増すと敏感になるものです。僕も現役時代はコーチのクセ一つを見るだけでイライラすることがありました。

今の僕は、イライラする相手と話すときは、聞き流すようにしています。聞いているふりをして、頭の中で歌っていることもあります。もちろん、相手にバレてはいけません。本気で聞いているふりをしましょう。

23

「君が次に叩く1回で、壁は打ち破れるかもしれないんだ！」

諦めるのは
誰でもない自分だ

仕事、夢、人生、どんなことでも諦めてしまったらそこですべてが終わります。諦めるのは誰かと言えば、自分です。目指してきたものを追い続けるのも、背を向けるのも自分しかいません。

でも、諦めたくなるような誘惑が、世の中にはたくさんあります。本当は続けたい、もっと追求したいという思いはあるのに、誘惑に負けてしまう人もいるでしょう。そこで僕はこんな話をします。

目の前に壁があります。

その壁を壊せば成功ですが、何回叩けば壊れるかは分かりません。もしかすると、あと1回叩けば壊れるかもしれません。でも多くの人たちが、その前に諦めてしまいます。みんな「あと1回」とわかっていれば叩くはずです。

人に未来は分かりません。だから、自分を信じて叩き続けるしかないのです。そうすれば、いつかは壊せるのが目の前の壁なのです。

壁を壊した瞬間が目標を達成した瞬間、成長する瞬間、自信を手に入れる瞬間です。自分を信じてください。壊せない壁が目の前に来ることはありませんから。

最もよくないのは、人に言われて諦めることです。

「好き、は必ず見つかる」

自分しか見つけられない
それが「好き」だ

テレビの仕事を始めた頃、僕は何が好きなのか分かりませんでした。だから、依頼された番組には100%出演しました。

その中で僕はテニスを指導することや、スポーツに限らない報道番組に携わりたいんだと気づきました。たくさんの遠回りをしたと思います。だから、自分の「好き」を見つけられたのでしょう。

好きという気持ちは、自分らしさの根本です。好きなことに熱中しているとき、人は生き生きと輝きます。気持ちに正直になれるからです。

ただ、「これ、向いてるよと言われたからやっているんですけど」という人がいます。これは、「好き」ではありません。悪意はないと思いますが、非常に無責任な他人の意見に左右されているだけです。「好き」は自分で見つけるもの。いや、自分しか見つけられないものです。

だから、好きなものが見つからないと言う人がいたら、「焦らないで」と伝えてください。気づいていないだけです。毎日、本当に好きなものをその人は一所懸命に探しています。ひょんなきっかけですぐに見つかる場合もあれば、まだまだ時間がかかる人もいるでしょう。

でも、これだけは確かです。「好き」を本気で見つけたいと思っていたら、誰でも必ず見つかります。

25

「悩みん坊、万歳！」

悩んでいる時間は自分を考える大切な時間

積極的な悩みはＯＫなんです。

万歳！と言えないのは、自分をマイナスに持っていく悩みですね。悩むということは、それだけ自分が真剣になっている状態です。自分がどうしたいのか、どんな決断をするのか、しっかり考える大切な時間です。自分がどういう人間なのか、気づくきっかけにもなります。

悩むことは「自分のことを考える」と言い換えることができます。自分について考えて、新しい自分に出会おうとする。だから、自分の頭の中だけで考えた方がいい。周りの言葉はヒントです。答えにはなりません。

頼りがいのある先輩の言葉だったりすると、「それが答えだ！」と思いたくなりますよね。でも、それは思い込みです。また同じような悩みにぶつかります。自分で解決しないと、その繰り返しです。これでは、せっかく新しい自分に出会える大切な時間が嫌な時間になります。

悩みが出てきたら、喜びましょう。

「ダメだ」「どうにもならない」と後ろ向きよりも、「ここから攻めたらどうなる？」「こんなふうに話すのはどうだ？」と積極的に悩んでみてください。

必ずいいアイデアや答えを引き出すきっかけになるはずです。

26

「失敗したらガッツポーズ」

失敗も本気なら
成長するチャンス

失敗のない人生はありません。

人は何度も失敗します。でも、それは成長するチャンスです。と言っても、それを理解して受け入れるのは簡単なことではありません。

現役時代、試合に負けたときに「どうしてもっと上手くプレーできなかったんだ」と一晩中自分を責め続けました。「失敗は成長のチャンス」と頭で分かっていても、なかなかできないものです。

今の時代は、一度の失敗が人生の失敗のような雰囲気を持たれているのも問題でしょう。だから、ことなかれ主義でなんとなくトラブルがないことばかりを考えてしまいます。

全く失敗しないで進んでいくと、いつ何が起きるか分からない怖さをずっと抱えて進むことになります。それより、まずどんどん失敗して、同じ失敗を繰り返さないことです。本気でやった結果が失敗だったら、何が悪かったのか本気で考えます。それだけでも成長です。

失敗してうれしいと思う人はいませんが、落ち込んだら次に向かうチャンスを失います。だからこそ、『失敗したらガッツポーズ』。新しい自分に出会える、一歩進んだ自分に出会えると思い込んでください。そんなガッツポーズをする度に失敗に対する不安も減っていきますから。

27

「三日坊主OK!」

3日間も飽きずに楽しめるのはいいことだ

三日坊主は、基本的にマイナスの言葉です。3日しか続かない、飽きっぽい。でも、僕は三日坊主が好きです。**3日間も続けばたいしたもの**です。3日間、飽きることなく楽しくて仕方がない仕事をしている人は恵まれています。でも、人生は3日で終わりません。そこで登場するのが鬼コーチです。「お前、もっとがんばれ」と叱咤激励する存在です。

理想的なのは、心の中に鬼コーチを持つこと。僕がよく知っているアスリートではテニスのクルム伊達公子選手がそのひとりですが、少数です。僕を含めアスリートでもほとんどいません。

では、どうするか。身近に鬼コーチをつくりましょう。僕はそういう環境をつくろうと思って、高校時代に練習の厳しさで知られていたテニスの強豪・福岡県の柳川高校に転校しました。鬼コーチは上司、先輩、友人、奥さんでもいいと思います。「鬼コーチになってください」とお願いする必要はありません。何か注意されたときに「鬼コーチががんばれと言っているんだな」と思えばいいんです。

そうして次の3日が始まります。そして同じ仕事が、もっと面白くなっていることに気づきます。それは最初の3日で自分が成長しているからです。さあ、三日坊主でいきましょう！

28

「真剣に考えても、深刻になるな！」

コントロールできないことは
すっぱり諦めて考えない

僕の根本的な性格はネガティブです。常にポジティブなことばかりを言うイメージが強いので、そう思わない人がほとんどですが、ネガティブです。

スポーツ選手としてはネガティブな思考はプラスではありません。だから、メンタルトレーニングに取り組んで、自分なりにポジティブになることを習得してきました。僕がポジティブでいられるのは訓練の賜物です。

今は何事も真剣に考えますが、深刻にならないように心がけています。**人には自分ではコントロールできないことがたくさんあります。**たとえば、ウインブルドンで月曜日の試合が雨天順延で6日間続いて土曜日になった経験があります。

6日間テンションをゆるめずに過ごすのは大変です。試合までにメンタルはボロボロになり、僕はその試合に負けました。

どんなに考えても避けられない状況や変わらないことに頭を悩ませると、気が滅入って消極的になります。

悪い意味での緊張感を覚えることにもなります。そうならないためには、自分で自分の毎日を楽しくするように考えるのが、一番の方法。自分から率先して行動に移せるので、モチベーションも上がります。

29

「真剣だからこそ、ぶつかる壁がある」

壁にぶつからない人生は
つまらない

真剣に取り組んでいても、なかなか結果が出ないときはあります。それが壁です。でも、そういうときこそ、人は真剣にがんばっています。安心してください。必ず乗り越えられます。

なんとなく生きているときに壁にぶつかることはありません。それはいい人生だと僕は思わないですね。なんとなくの結果しか生まないからです。飛び上がるほどの喜びや眠れなくなるほどの悔しさはないと思います。中途半端な決断は、やがて後悔にもなります。

でも、真剣に取り組んだものだったら、道は開けてくるはずです。壁にもぶつかりますが、どんな大きい壁でも叩き壊せないものはありません。

自分を信じて前を向きましょう。

そんな壁に行く手を阻まれたら、自分が今できることから達成していくことが大事です。大きな目標達成はその後について来ます。小さな目標をたくさん立ててひとつずつやり遂げていきましょう。

その達成感の積み重ねは、必ず目の前の壁を少しずつ壊していきます。壊れ方は目に見えませんが、小さな目標を達成する度に「もう少しだ」「必ず乗り越えられる」と言い聞かせながら、次の目標に立ち向かってください。大丈夫です。

30

「大丈夫、なぜなら きみは太陽だから」

太陽のように
いい影響を与える存在になる

人はどうしても気持ちが沈むと消極的になります。逆に前向きに明るい気持ちになると、積極的になります。どちらも周りの人に影響を与えます。自分は気づかなくても、周りの力になることもあれば、マイナスの気持ちにしてしまうこともあるのが人間なのです。

電車の中で化粧をするとか、自分ひとりでやっていることなら誰の迷惑にもならないと思っている人もいますが、そんなことはありません。その行為が誰かの心をマイナスにしていることもあります。

人は誰もが太陽のような存在になれます。

基本的に太陽は周りに力を与えていますよね。地球を照らしたり、暖かくしたり。科学的に言えば、太陽も何かにパワーをもらっているのかもしれませんが、自分の力でいろいろなものにいい影響を与えています。いつでもとは言いませんが、人もそうあるべきだと思います。

みんな太陽のような力を持っているんだから、誰かにいい影響を与えることができます。だから、どんどんいい影響を与えましょうよ。沈んだままでは悪い影響しか与えません。

誰もが太陽のように必要とされている人間だから、また昇りましょう。そして、みんなを明るく照らしましょう。

31

「大丈夫。
大丈夫って文字には、
全部に人って文字が
入っているんだよ」

人はひとりじゃない
大丈夫にはそんな意味がある

「大丈夫」と言われれば、人は安心します。守られている、応援されていると思えます。なぜかと考えてみました。文字の中にそのヒントがあるんですね。「大丈夫」の3文字にはそれぞれ「人」という文字が入っています。

つまり、ひとりじゃないんだよということです。落ち込んで下を向いていたら気づかないかもしれませんが、顔を上げれば心配してくれる人、励ましてくれる人、背中を押してくれる人、たくさんの人に支えられて生きていることが分かるはずです。

そんなことをしっかり感じることが大切です。だから、**家族や友人が下を向いていたら、大丈夫と言ってあげてください。**大丈夫という言葉を言うほどにみんな前を向いて、安心して進んでいけます。もちろん、この言葉は自分に対しても同じ効果があります。

「大丈夫」と「がんばれ」が近いという人もいますが、僕の解釈では大丈夫＝できるに置き換えられます。「俺、大丈夫」って言いますよね。それは問題なくやり遂げることができるということです。だから、心配することはない。真っ直ぐに進んでいけばゴールにたどり着ける。しかも、そう思ってくれている人が周りにたくさんいるはずです。

32

「勘違いを特技にするんだ!」

自信をつける勘違いは毎日を楽しくする

1988年のジャパンオープンというテニスの大会でした。僕はそのとき世界ランキング270位前後。相手は世界ランキング7位のメシール選手。はたから見れば、相当な実力差です。

でも、サーブやストロークは面白いように決まって勝つことができました。試合直後に聞いたのですが、メシール選手はケガをしていたのです。そのとき、一所懸命に勘違いしようとしました。**「僕は実力で勝ったんだ」**。その勘違いをきっかけに、自信をつけ、夢だった世界ランキング100位まで一気に上り詰めることができました。

ただし、勘違いにも良し悪しがあります。たとえば、自信過剰になる勘違いはいけません。間違いを起こす可能性があるからです。自分に自信をつけていくため、日々を面白くするための勘違いはいいと思います。

たとえば、ゴルフに行って、ナイスショットが2回続くと、僕は「俺、巧いなあ〜」と本来の実力でもないのに勘違いします。次のホールでミスショットしても「おかしいなあ」と首をひねる程度。僕の勘違いは続きます。

「巧いなあ〜」と思いながらプレーした方が面白い。ミスショットを実力だと思ったら、楽しくないですよね。勘違いを自分の中だけで楽しめば、毎日を明るくする武器にもなります。

33

「夢をつかみたいなら、
今日から
君はタートルだ！」

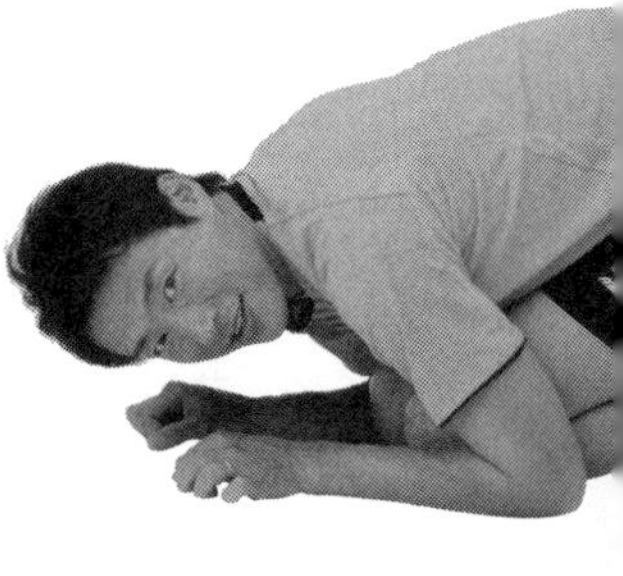

ゴールだけを見て
ベストを尽くそう

あるとき、子どもに「ウサギとカメ」の話をしていて気づいたことです。ウサギとカメが競争をしているときの互いの目線を考えてください。ウサギはカメは遅いと勝手に決めつけてゴールの手前で昼寝をします。でも、カメは一所懸命にゴールだけを目指します。ゴールだけを見て歩いていったから、ウサギを追い抜いて到達できたんじゃないでしょうか。

つまり、目標の目指し方、進み方が大事だということです。ウサギはゴールではなく、カメのことを考えてしまった。そこには自分がないと思います。カメに勝つことよりも自分のベストを尽くしてゴールに到達する方が大切です。なのに、相手ばかりを気にして、本当に大切なことを見失ったということです。

では、カメはどうか。自分ができるベストを尽くしただけです。物語にはマイペースで歩いたように書かれていますが、カメはゴールまでベストを尽くしたと僕は考えています。ゆっくりのんびりではなく、ベストを尽くした。だから、カメが負けたとしても僕は怒れませんね。それ以上はできなかったんですから。

だから、もしカメが負けていたら、僕が言えるのは「カメ、ナイストライ！」です。

34

「ゴールの最後まで
なんで力を
出さないんだよ」

ゴールはまだ先と錯覚すると力を出し尽くせる

「もうすぐゴールだ」と思ったら、人はほっとします。 あと少しだから意識的に力を抑えるというわけではありませんが、**つい力を抜いてしまう傾向があります。** 本当だったら、最後まで力の限りを尽くしたいのに思うような力が出ない。集中力を欠いてしまう。スポーツ選手もそうです。

アテネオリンピック前、競泳の北島康介選手は「どうしても結果が出ない」と言っていました。でも、ゴールをさらに5メートル先だと思って泳ぎきったときに金メダルを獲得していました。

テニスでもマッチポイントを迎えるとそれまで以上のプレッシャーがかかります。だから、あえてこのポイントを獲ったらジュース（同点）だと思い込む。つまり、まだ劣勢だと思い込むわけです。そうすると、思いきって攻撃的なプレーができます。

ゴールが見えると人は守りに入るということでしょう。でも、ゴールした後は倒れて起き上がれなくなるほど出し切りたいと考えているはずです。その方が爽快感があるからです。

たとえば営業の方の場合、売上目標が１００万円だったら、１２０万円に設定してみる。そうすれば、１００万円は通過点になります。結果的には、自分の潜在能力を高めることになるはずです。

35

「おまえの終わり方は、なんとなくフィニッシュだ！」

本気で力を出し切れば達成感がある

人は本来の力を出し切っていないと言われます。本来の力を出すためには、何をするにしても最後を大切にしましょう。

スポーツで「まあ、勝てないだろうな」という思いでゴールを目指す。学校の試験でライバルとの点差が開いたけど、残りの試験を片づける。仕事のライバルに差をつけられたけど、とりあえず仕事を終わらせる。

これらは僕に言わせると「なんとなくフィニッシュ」。おそらく、こんな終わり方では後味が悪いはずです。達成感もないでしょう。

なんとなく＝中途半端は、続きます。ラクに思えるからです。でも、**「なんとなくフィニッシュ」を続けると、人間的にもどんどん中途半端になります。**その後にかかる責任や罪悪感で、嫌な心にもなります。しかも、「なんとなくフィニッシュ」はラクだからすぐに習慣になってしまいます。習慣はなかなか直りません。

元に戻す方法は、「一所懸命やり遂げフィニッシュ」。

結果が出なくても力を出し切ることです。そこには必ず達成感があります。結果も受け入れられます。そんな「一所懸命やり遂げフィニッシュ」を積み上げてください。でも、それはどんなに周りの応援があってもできません。やるのは自分。最後まで、自分でやり遂げましょう。

「性格は変えられない。
でも心は変えられる」

性格と心は似ているようで違うもの

自分という人間には元々生まれ持った性格があります。明るい性格、神経質な性格、その部分は変えられないと僕は思います。

でも、**心は物事の捉え方ですぐに変えることができます。**「僕には無理だ」と言う人がいますが、これは性格ではなく心の問題ですからすぐに変わります。「無理」ではなく、「できる」と思えばいいだけですから。

性格を辞書で引くと、「1．行動のしかたに現れる、その人に固有の感情・意志の傾向。2．特定の事物にきわだってみられる傾向（デジタル大辞泉）」とあります。ここで言う性格は1ですが、固有なので人それぞれ持っているものが異なり、変わらないと言えるでしょう。宿命のようなものですから、この部分は受け入れるしかありません。受け入れることで前を向くことができるのが性格です。

でも、こんな声を聞きます。「だって、私はこんな性格だもん」「AB型の性格だから」。僕から言わせると、それは性格ではありません。心です。「私、すぐ諦めちゃう性格だから」と言いますが、「諦めてしまう心だろ」と僕は考えます。諦めないと思って取り組めば道が開けるはずですから。

心は運命のようなものです。その人次第で必ず前向きに変わります。

37

「チャンスをピンチにするな!」

チャンスを「やった!」と喜ぶと チャンスはチャンスになる

チャンスは紛れもなくチャンスです。でも、人はその状況をすぐにピンチにしてしまうことがたくさんあります。なぜか？　つい腰が引けたり、力が入ったりしていつものように振る舞えないからです。

人に対しては気楽にみんなこう言います。「やったじゃないか。チャンスだぞ」。でも、自分がその状況になると怖くなります。「できるかな」という不安が押し寄せてきます。なぜ不安になるかと言えば、「このチャンスを逃したらどうしよう」と思うからです。その不安がチャンスをどんどんピンチにしていきます。

チャンスのときに心がけるのは、普段通りの自分を出すことです。でも、そんなときに不安を感じて一番ダメな自分を出してしまうことで、チャンスはピンチに早変わりします。

対処法はあります。チャンスが来たと思ったら、「やった!」とまず喜ぶ。これは自分にとって最高にいいことなんだとプラスのことしか考えない。そうすれば、自分のできることだけをやっていけます。

もうひとつ付け加えるなら、チャンスは一度きりではないと思ってください。実際にチャンスは何度もやって来ます。それを安心感に変えてチャンスをチャンスのまま生かしましょう。

38

「今日からおまえは富士山だ！」

富士山の美しさと険しさがモチベーションを高めてくれる

現役時代、メンタルトレーニングで座禅を組んだり、瞑想することがありました。そのとき、好きなものを考えなさいと言われていました。僕は富士山でした。だから、海外を転戦するときには富士山の写真を必ず持っていったものです。気持ちが崩れそうになると、その写真を取り出していました。今でも家には富士山の絵がたくさんあります。

なぜ富士山かと言えば、僕のモチベーションを最も高めてくれるからです。日本一がポイントではありません。なぜか、**僕らしさを取り戻すには富士山が最も近い存在でした。** 僕が決めたことですが、はっきりした理由はありません。

美しい山という見た目と日本のシンボルという点で浮かんできたのかもしれません。そういうことも含めて、僕のモチベーションを高めてくれるのが富士山なのです。でも、富士山は見た目の美しさとは違って険しい山で、頂上にたどり着くのは大変です。

僕は自分の目標を同じように捉えていたのかもしれません。今、自分がやっていることは大変だけど登り切ろうと。その頂上には富士山のような美しさがあると信じていたのでしょう。

39

「お米の苗のように心に強い根っこを持て！」

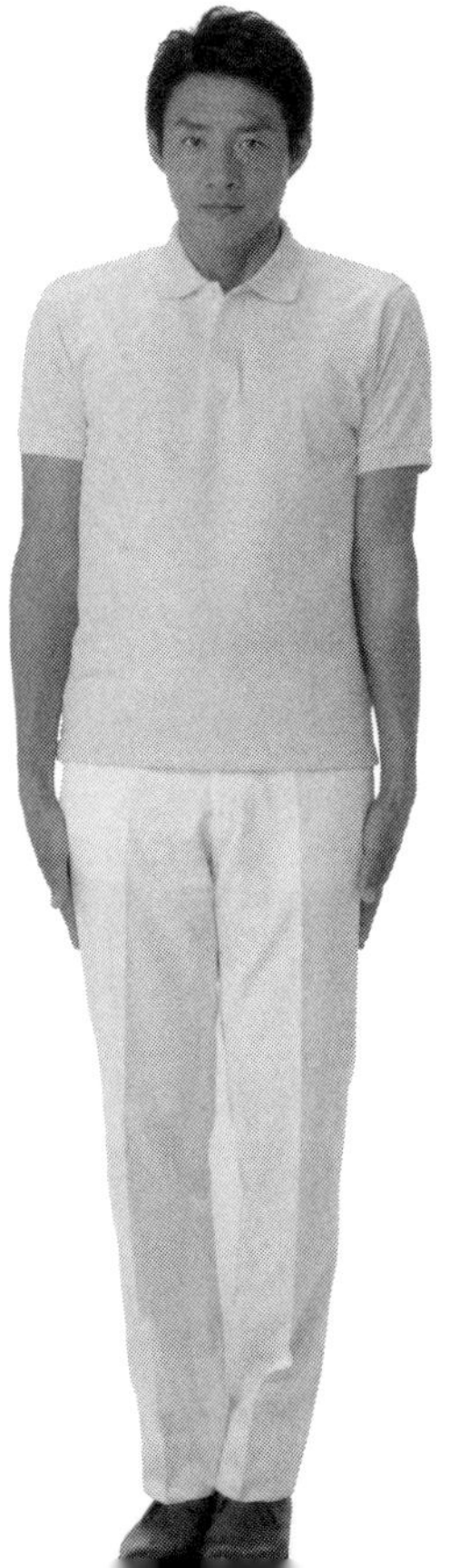

強い心の根は人生の大きな支えになる

テレビ朝日系列で放送されている『修造学園』で「食」をテーマに岡山県でお米を育てたことがあります。

集まったのは、心を変えたい子どもたち。そこで田んぼが「心」という文字になるように苗を植えました。子どもたちの中には、登校拒否になった子がひとりいたのですが、最初は僕の目を見ることもできませんでした。でも、人との関わりによって笑ったり泣いたりしながらお米を育てていくうちに、心が変わって学校に行くようになりました。

そのとき、僕は初めてお米の苗を支える根を見ました。びっくりするぐらいびっしりと根を張っています。しかも力強い。田んぼに顔を出している苗からは想像できないほど強い根です。だから、表面上は細い苗でも厳しい自然を乗り越えてしっかり育つことができるんだと実感しました。

人も苗のような強い心の根を持ってほしいと思います。それが、自分らしさの土台になります。

お米の苗がたくさんの根で支えられているように、人はたくさんの経験を積み重ねていくことで強くなります。そうして鍛えられた自分らしさこそ、人生を支える大きな軸になります。

「答えは自分の中に全部ある」

自分を質問攻めにするのが答えを出す一番の近道

幸せではないと思う、イライラしてしまう、そう思ってしまうのは自分の中で何をしていいのか、何を目指すべきなのか分かっていないことが大きな原因です。僕にもそういうことがあります。生き生きと輝くためには、まず目指すべきものを探すことから始まります。

ただ、正直に言えば、他人は何が答えかは分かりません。数学なら答えが出るでしょう。１＋１＝２のように、絶対的な答えを誰でも出せます。でも、その人の中から出てくる迷いや悩みの答えを、他の人が出すことはできません。

本人がどうしたいのか、本当のところ他人には分からないからです。そんなときに「なぜ？」「どうして？」と自分に問いかけていくと、必ず自分の中に答えが出ます。間違いなく出ます。そうやって質問を重ねていくと、実はたいした問題ではないこともよくあります。

誰かに話す度に問題が複雑になっていっていませんか。他の人に相談すると選択肢が増えて、よけいにどうしていいか分からない問題になってしまいます。**迷ったときには、誰かに相談する前に自分に質問しましょう。**それが答えを出す一番の近道です。

41

「偶然や
ラッキーなどない。
つかんだのは
おまえだ！」

それまでの努力がなければいい結果は生まれない

2011年3月11日に起きた東日本大震災。支援活動の一環として、サッカー日本代表とJリーグ選抜の試合が行われました。観た人も多いと思いますが、この試合でカズこと三浦知良選手がゴールを奪いました。

周りは「やっぱり彼は持っているね」と幸運だったように話していましたが、僕はそう思いません。カズ選手がこれまで積み重ねてきたものがゴールという形で出ただけだと捉えています。

テニスでも、相手選手のミスショットで勝ったとき偶然とかラッキーと思う人がいます。でも、相手選手がミスをしたのは自分自身がそうさせたということです。それまでのプレー内容がプレッシャーをかけて、相手選手がミスをするように動いたわけです。

偶然に見える出来事も、それまでの努力から必然的に生まれています。

思いがけない契約が取れたり、仕事が早く片づいたりすると、「ラッキー！」「ツイてる」と言う人がいますよね。

でも、それは実力です。自分でつかんだものです。照れずに、おおいに喜んでください。偶然やラッキーだったと思うのは、もったいない。「よくやった」と自分の成長を認めれば、また次もがんばろうと思えるものです。

「がんばれ！　ではなく、
がんばっているね！」

人は応援されるよりも認められるのを望んでいる

今の世の中は要領のよさが際立って、汗をかいて、努力して、報われることが少なくなっているように見えます。だから、がんばっても疲れるだけだからと最初から「がんばる」ことに見向きもしない人がいます。

僕は、がんばることはカッコいいと思います。「がんばれ！」という言葉も、いい言葉です。応援する側の気持ちが伝わって、言われた人の励みになる明るい言葉です。でも、「がんばれ！」は嫌いな言葉だと言う人もいます。そういう人は、「これ以上、どうがんばればいいんだ？」と思っているのでしょう。

僕も本気でがんばっている人に、「がんばれ！」とは言いません。無理やり背中を押して、余計なお世話を焼いている感覚があるからです。

そんなときは、「がんばれ！」ではなく「がんばっているね！」と語尾を変えて言います。同じように見えますが、まったく違う意味になります。

「がんばっているね！」は、がんばっている相手の努力を認める言葉です。努力が認められれば、誰でもうれしい気持ちになります。

応援している人が一所懸命がんばっている人のときは、「がんばれ！がんばれ！」ではなく、「がんばっているね！」と言ってあげた方が伝わりますよ。

43

「チャンスは何度でもある。そのときは必ず来る！」

一所懸命取り組めば
チャンスの風は何度も吹く

チャンスを逃さず、毎回自分のものにしている人はほとんどいないと思います。チャンスを逃しては焦り、自己嫌悪や自己否定に苛まれてマイナスの気持ちになってしまう人が多いでしょう。

チャンスはそんなにないと思っていませんか？

このチャンスを逃したら次はないと思って、必死に取り組むことは大事です。それでもチャンスを逃すことはあります。結果がついてこないこともあります。でも、その**チャンスに対して必死にやり切った感覚があれば、またチャンスは来ます。**自分に吹くチャンスの風は、自分次第で吹かせることができます。一度のチャンスを逃した程度で自分を責める必要は全くありません。

高校時代、ある先生からこんな言葉を聞きました。「人生にはチャンスという名の風が三度吹く。その風に乗って大きく飛躍するか、その風を見逃してしまうかは、その人の判断でしかない」。

僕はこの言葉を「チャンスは何度でもある」という意味で受け取っています。チャンスの風が三度吹いたときに自分がどれだけ本気になったかで、必ずチャンスの風はまた吹いてくるはずです。どんどん本気になって、たくさんのチャンスに出合ってください。

「反省はしろ！
後悔はするな！」

反省は必要だが後悔にいいことはない

何かに失敗したとき、反省する方ですか？　それとも後悔する方ですか？　僕は反省することはいいことだと思っています。次に成功するためには失敗の原因になったことを繰り返さないことは当然ですから、反省することは必要なことです。

では、後悔はどうでしょう。言葉通り、後ろ向きに悔やむことはいいことではないと思います。後悔すると、つい誰かに話したくなりませんか？「どうしてこんなことをしちゃったんだろう」。やってはいけないと思いながら、僕も話してしまうことがあります。実は、話す相手に言ってほしい言葉があるから話していると気づきました。「しょうがないよ」という言葉です。この言葉は安心感を与えてくれます。

でも、それで前向きになれるわけではありません。**慰めの言葉で安心しながら、マイナスの要素を積み重ねているだけ**です。

反省の場合は、「なぜ、俺はこれをしなかったんだ」と自分に問いかけることができるはずです。そうすると、「次はこうするぞ」と前向きな言葉が続きます。誰にも話す必要はなく、前を向いて進んでいけるというわけです。失敗を次につなげていってこそ、成功に近づきます。

やはり、後悔よりも反省です。

45

「緊張した時は心を入れて息を吐いてみよう！」

腹式呼吸で吐くことに重点を置く

緊張したり、驚いたとき、人は呼吸が浅くなって、心拍数が上がります。そんなときは深呼吸をしなさいと昔から言われています。無意識にそうしている人は多いと思います。

僕も呼吸法は最も自分をコントロールしやすい方法としてよく使っています。ただ、多くの人が息を吸うことばかり意識します。でも、緊張しそうなときには、腹式呼吸を使ってネガティブな考えを吐き出すことに重点を置いてください。

僕の場合は、**お腹を意識して4秒間吸い込んで、4秒間息を止める。そして、8秒間ゆっくりと吐き出していきます。**吸い込む、止める、吐き出す時間は人それぞれです。実際にやってみて自分に合う時間を見つけてください。時間が長いほうがいいとは限らないので、無理のない程度にしましょう。

吐き出すときのポイントは心を入れることです。心とはネガティブな考えです。「うまく話せるかな」「支離滅裂な話になるんじゃないか」といった不安要素をすべて吐き出そうと意識することが大事です。

そうすると肩の力が抜けてきて、体が柔らかくなった感覚になり、心も落ち着いてくるはずです。

46

「二重人格は素敵だ！」

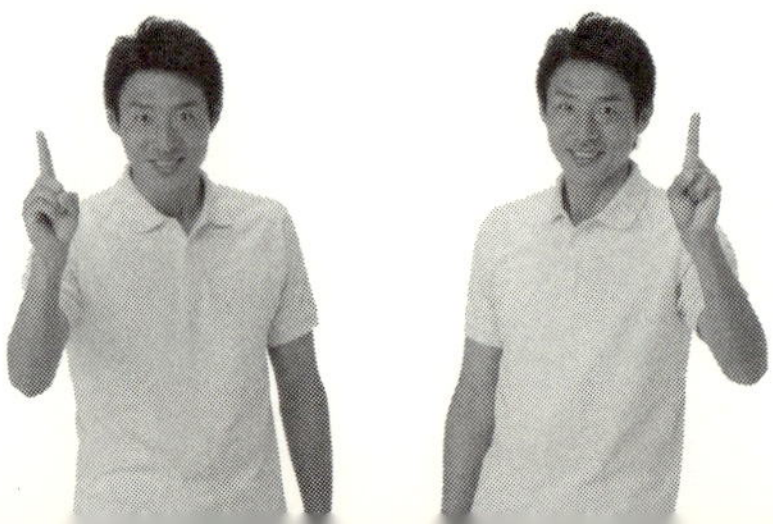

消極的な自分を打ち消すのは
もうひとりの自分

「二重人格ではない人がいるのか」と僕は思っています。

辞書には、「ひとりの人間の中に二つの全く異なる人格が交代して現れること。互いに他方の人格にあるときの行動を想起できない。三つ以上の人格が現れる場合は多重人格という」と書かれています。この通りの状況であれば、病気の一つと考えていいでしょう。

僕が言う二重人格は、**状況に合わせて、自分自身をコントロールして違った人格を演じる**ということです。

たとえば、ショップの店員さんは笑顔で接客しています。でも、本当は体調が悪くて嫌な気分なのかもしれません。これも二重人格です。消極的ではない自分を演じているのですから、悪いことではなく大切なことです。どんなときも人格を変えずに対応できる人は、相当な才能の持主だと思います。実在するわけではありませんが、「釣りバカ日誌」のハマちゃんぐらいではないでしょうか。状況に合わせて人格を変えるのは生きていくために必要なことだと思います。

情報を盗んで、賢く頭を使って、最終的に騙すスポーツと同じです。相手を傷つけるような嘘はいけませんが、結果としていいものに仕上がるのであれば二重人格も多重人格もＯＫです。

47

「勝ち負けなんか、ちっぽけなこと。大事なことは本気だったかどうかだ!」

時間が経てば、負けた方が気づきや学びが大きくなる

「勝ち負けがちっぽけなこと」は、ある程度時間が経ったら実感できる言葉です。現役時代の僕が『勝ち負けはちっぽけなことです』と言ったら、なんとなくテニスをしていたということです。そのときは重大な局面でも、時間が経つと結果はちっぽけなものになっていきます。ただし、そのとき一所懸命やった結果だったら、という条件はつきます。

僕は勝負の世界で戦っていたので、すべて勝った方がよかったのですが、振り返ると負けたときの方が学んだり、気づいたことが多いと思います。負けたときは周りに励まされて、応援されて、自分でも悩んだことでいろいろなことに目を向けられました。

唯一、僕がちっぽけにできなかった試合があります。1989年、ニュージーランドで行われた大会で僕は初めて決勝の舞台に立ちました。相手は地元ニュージーランドの選手。テニスの実力は互角だったと思いますが、とにかく気持ちの強い選手でした。100%諦めない。試合の途中で僕の心は負けていました。中途半端な試合をしてしまったわけです。だから、この敗戦だけはずっと大きく残っています。

一所懸命にやった結果なら時間が経つほどにちっぽけになり、気づいたり、学んだことだけを自分の中にしっかり根づかせてくれるはずです。

48

「負けたことは悪いことじゃない！」

一所懸命やった結果の負けは必ず次につながる成果がある

僕が考える「悪い」というのは、悪意、ズルといった類のものです。ルール違反といってもいいでしょう。そんな悪さをした結果は、勝ち負け、あるいは成功・失敗も全く意味のない結果です。せっかく積み上げてきたものをどんどん失っていくだけです。

そんな悪さをせず、一所懸命やったうえでの負けや失敗には成果があります。でも、悪いことのように捉える人がたくさんいます。スポーツの場合、必勝を期した試合だったら負けた瞬間に犯罪者のような気持ちになる選手がいます。

でも、負けたことが何の罪になるでしょうか？　負けたことは悪いことではありません。自分の力が足りなかっただけです。相手が強すぎた、仕事であれば環境に影響されたのかもしれません。

一所懸命やったら、何が足りなかったか、何が原因かがはっきり分かるはずです。その部分を補う練習や勉強に励めばいいだけです。悪いとかマイナスだと思えば、すべてを否定してしまいます。それまでの努力さえも無駄だったということになります。そんなことはありません。全否定は前に進む力を抑え込むのでやめましょう。一所懸命やり切ったら、結果に関係なく蓄積できる何かがあるのは間違いありません。

49

「自分の弱さを認めたとき、人は、前進する勇気が湧いてくる」

弱さをすべて吐き出せば開き直って前に進める

1995年、日本人で初めてウインブルドンでベスト8に入った松岡修造がいました。でも、それ以降、大事な試合でなかなか勝てなくなってしまった松岡修造がいました。どちらが本当の松岡修造でしょう?

答えはどちらも松岡修造です。でも、当時の僕はそれを認めようとはしませんでした。「俺は強いのに、どうして格下の選手に負けるんだ」と思っていたのです。人は最もいいときを基準に考えるものです。

ウインブルドンのときはすべてがいい状態でぴったり重なっていました。普段はそんなふうに重なることはありません。だから、現役生活13年間でほぼ毎週負けていました。トーナメントですから、優勝者以外は必ず負けを味わいます。

それでも、ウインブルドンの松岡修造を求めていました。求めることで負けたときの言い訳にしていたんだと思います。

強い松岡修造も、弱い松岡修造も、どちらも僕なんだと気づいたときにようやく一歩進めた気になりました。

自分の弱さを認めたり、吐き出してみる。そうすれば、開き直ることもできます。その先には力強い次の一歩があるはずです。同時に、本当の強さを知るきっかけにもなります。

50

「あなたが変われば、周りも変わる」

人間関係は
自分で変えられる

家族、友人、夫婦、仕事上など人間関係で悩む人は多いと思います。たとえば、会社では上司との関係次第で仕事がうまく進まないという話をよく聞きます。でも、仕事の最終決断は上司に仰ぐものなので、仕方がないという部分もあります。だからといって、上司が必ず人格者というわけでもなく、仕事ができない上司もいます。

そんなときに、「上司がこういう心を持つようになれば……」「僕の話に上司がしっかり耳を傾けてくれれば……」と、**自分ではなく相手が変わればうまくいくと考えがちです。でも、人を変えることはできません。**

自分に置き換えれば分かるはずです。他人に何か言われたら変わりますか？　変わるとすれば、自分の意思でしょう。相手を変えたいと思ったら、できることは自分が変わることです。

たとえば、上司がちゃんと自分の話に耳を傾けてくれるにはどうしたらいいか。もし、上司が他の人の話なら聞いていたとしたら、どこに違いがあるのか見つけることができます。話し方、提案書の書き方、話しかけるタイミングかもしれません。

少しずつでも自分が変われば、相手も変わります。それは自分に有利になることなので、仕事自体もどんどん楽しくなるはずです。

「心の底から好きなことに
本気で取り組めるなら、
それは幸せ」

幸せかどうかの尺度は他人ではなく自分の実感

好きなこと。それを見つけられただけでも幸せです。

好きなことが見つからないで、なんとなく仕事をしたり、生活したりという人の方が多いと思います。好きなことは必ず見つかりますが、すぐにというわけにはいかないものです。ですから、好きなことを発見できただけでも、おおいに喜んだ方がいいと思います。

ただ、好きなことや仕事でも、給料や環境の問題などで悩むことはあるでしょう。それでも好きなことに取り組めているのは幸せなことです。他の人と比べると幸せではないように見えるかもしれませんが、気にする必要はありません。自分自身が幸せだと思うならそれでいいのです。

好きなことを見つけても、状況次第では取り組めない人もいるからです。好きなことだけをずっとやって生きていける人も少ないでしょう。でも、一度は好きなことを見つけて、チャレンジすべきです。

遅すぎることはないと思うので、チャンスが来たら思い切って飛び込んでみるといいでしょう。

なぜ、これほど勧めるかと言うと、好きなことをとことんやった経験は、必ず将来のいろいろな場面で生きてくるからです。一所懸命やった経験は次の扉を開ける鍵になります。

52

「何よりも大切なのは、あなた自身がどうしたいかだ」

わからなくなったら自分に問いかける

自分自身がどうしたいか。それは人生の軸になります。はっきりしていれば、周りの意見や情報に振り回されないはずです。

たとえば、イチロー選手は独特のバッティングフォームを変えるように言われたことが、二度あります。日本にいるときと、アメリカに渡ったとき。でも、彼は周囲に何を言われても、フォームを変えようとはしませんでした。僕がその理由を尋ねてみると、「人の意見や評価ほど曖昧なものはないから」と答えてくれました。

僕は高校時代に監督からグリップを変えるように言われたことがあります。僕は言われた通りにグリップを変えて、わざとミスショットを連発しました。言葉で「嫌です」と言うより、やってみて自分には向いていないと見せた方が早いと思ったからです。器の大きい監督だったので怒られることもなく、「好きにやっていい」とグリップを変えることはありませんでした。グリップを変えていたら、僕は世界に行けなかったと思います。

もし、誰かの意見に振り回されている、どうしていいか分からないと思ったら、自分がどうしたいのかという軸がまだしっかりしていないのでしょう。もう一度、じっくり自分自身に問いかけてみてください。必ずブレない軸は見つかります。

53

「後ろを向いているのは
あなただ。
前を向け、心も体も」

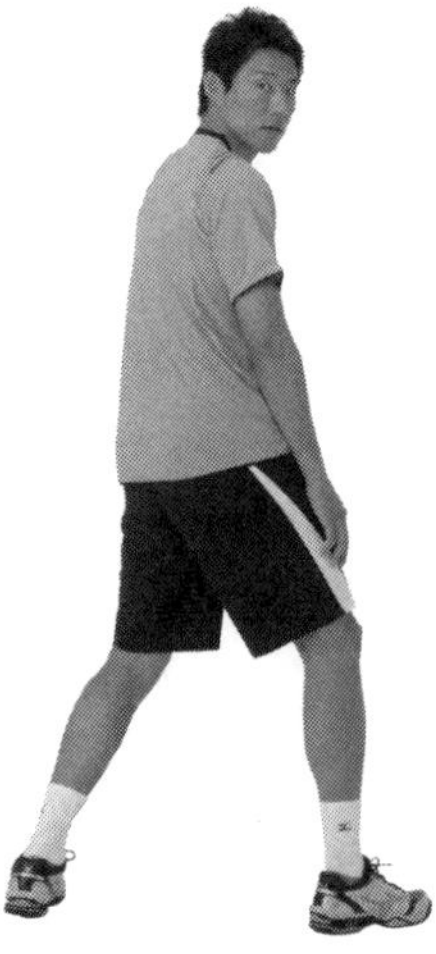

今に感謝しながら前向きに行動しよう

前向きになれないとき、「これでいいのか？」と悩んでいる人は多いと思います。だからと言って、前向きな人が自分の状況に満足しているとも言えません。前向きかどうかは関係なく、人はいつも「これでいいのか？」と考えているものです。

「もっとできることがあるんじゃないか」「もっとがんばれるんじゃないか」と思いながら、僕も生きています。

前向きになれるか、なれないかは、ほんの少しの考え方や気持ちの違いだと思います。現状に満足していないのはどちらも同じ。でも、**前向きな人は現状に感謝しながら、より良くしていこうと考えています。**

前向きになれない人は「これでいいのだろうか？」と不安や迷いを抱え込んでいるだけではないかと思います。

すべての人が「こうなりたい」という理想や目標はあるはずです。それでも前向きになれない人は「なぜ、なれないのか？」と自分の心に問いかけてください。「前向きになるのが怖い」「失敗したくない」など答えが見つかります。さらに、「なぜ？」と質問攻めにしていけば、これから自分が具体的に何をするべきかがはっきり見えてきます。

後は躊躇することなく、素直に行動に移せばいいだけです。

54

「諦めんなよ！
どうしてそこで
やめんだよ！」

諦めることは
チャンスを棄てること

辞書を引くと「もう希望や見込みがないと思ってやめる。断念する（デジタル大辞泉）」と書かれているのが、「諦める」です。

実際、**何かを諦めるのは周りに関係のないこと**です。でも、周りの空気で「無理だ」と思ってしまう人がたくさんいます。「無理じゃないかな」「ちょっと難しいね」と言われることで、その空気はどんどん膨らみます。その声を聞き入れるのはラクです。しかも簡単に左右されてしまいます。「そうだよな。無理だよな」と自分を納得させやすいからです。はっきり言って、無責任な言葉なのに、です。

でも、自分がしっかりしていないとスッと心に入ってくる悪魔の言葉だと言えます。なぜなら、自分の中にそういう思いがあるから。

だから、『諦めんなよ！』は、他人から言ってもらうというよりも自分で自分に言わなければいけません。誰でも何かにトライして失敗すると、「諦め」という文字がチラツキます。その言葉に引き込まれないように、何度も『諦めんなよ！』と言いましょう。

最悪なのは、表面は諦めていないふりをして心が諦めていること。乗り越えるハードルが高いものほど、達成できれば大きな自信につながります。諦めるのはせっかくのチャンスを放棄するのと同じです。

嫌なことは密室で叫ぶ

修造流スペシャル特訓法の二つ目は、消極的なことを吐き出す方法です。人は積極的に捉えるよりも、消極的に考える方に流されがちです。

消極的な考えはどんどんつながって、悪い方に自分を持っていくのが分かるはずです。それでも消極的になってしまうのは、誰でもどこかに弱い自分を持っているからだと思います。

心の中にあるはずの積極的な心が、いつのまにか消極的な心に負けてしまっているのです。

消極的な考えは図々しく、隙を見せたらどんどん心に入ってきます。僕は「それ以上、入るな」と追い出すことをいつも心がけていますが、それでもどんどん入り込んできます。

何事もポジティブに考えようと思う僕でも、その図々しさにかなわないこともあります。

そして自分に不甲斐なさを感じます。自分はダメだなと。そうすると、さらに消極的な感情は幅を利かせてきます。そんなときは、自分に対する怒りが爆発しそうになります。でも、周りに人がいるときにその言葉を発

すると、伝染してしまいます。会社の中であれば、自分ひとりの感情で部署全体が最悪な雰囲気になるということです。

僕は現役の頃、そんな**自分への怒りが爆発しそうになると、よく自分のクルマの中に駆け込んでいました。**そして、誰にも迷惑にならない場所まで走らせ、静かな車内で思うままに叫んでいました。「お前、なにやってんだああー！」と自分を怒って、「どうして、あのとき、俺は守りのプレーをしてしまったんだあ！」と心にあるすべての弱い言葉、消極的な言葉をさんざん泣きわめいていました。

こういう言葉を吐き出すときは、なんとなくではいけません。それが一番良くない。消極的な考えは粘り強いので、吐き出したと思ってもちゃっかり心に残っています。せっかく追い出すチャンスだったのに、「まあ、いいか」という気分になります。

本気で叫ぶことで、消極的になったことを反省して何が悪かったのか、何が必要なのかも見えてきます。

はたからすると消極的な言葉を好きなだけ叫んだり、単に怒っているように見えるかもしれませんが、実は前向きな言葉になっています。**「本当はできるんだぞ」という意味が込められている**というわけです。

ただし、そういう姿は他人に見せるものではありません。何でも言い合える家族にも見せてはいけません。他人に見せても何も生まれないからです。耳にした相手が嫌な思いをするだけです。

場所としてはクルマの中が理想的ですが、自分の部屋で音楽をかけながらだったり、トイレの中だったり、お風呂に入っているときなど他人に迷惑をかけない密室で出し切った方がいいでしょう。

誰にも言わずに吐き出してしまえば、驚くほどすっきりするものです。そして、また前を向けるようになっているはずです。

第３章

日本人に届けたい言葉

55

「思いやりは、みんなの心にあるんだよ」

「思いやり」は日本人の宝物

現役時代の僕は年間10カ月を日本から離れて過ごしてきました。その頃、何度も日本を外側から見ながら、日本にある「思いやり」という素晴らしい宝物に気づきました。**自分のことよりも人のことを思う、人を助けたいと思う気持ち**がどの国よりも大きいと感じました。

その後、「くいしん坊！万才」やテニスクリニックで今度は日本各地に行くことが多くなりました。そこで、僕は海外で気づいた「思いやり」の気持ちにたくさんふれてきました。

先日、東日本大震災の被災地である宮城県女川町のサッカークラブ・コバルトーレ女川を訪ねたときにもそれを実感しました。女川町出身ではない選手たちが女川の人たちとふれあったことで人の優しさを知り、震災後も地元には帰らず、復興活動に汗を流していました。人を動かすのは、やはり人なんです。

そんな気持ちは、みんなの中にあります。でも、それを引き出すきっかけが必要です。嫌な言い方ですが、都会の人は「まず自分」になってしまいがちです。買い占めのことを見てもそうでしょう。思いやりの気持ちがあれば、そんなことはないはずです。僕も人のことは言えませんが、日本人の素晴らしい宝物「思いやり」は大事にしたいものです。

56

「人を感じてください。
信じてください」

嫌うのは簡単
でも、チャンスを逃している

僕は武田鉄矢さんが率いるフォークグループ海援隊の「贈る言葉」が大好きです。僕が人に接するときの基本が入っています。**人を信じて、裏切られる方がいい。**これまで人に裏切られたというか、うまくいかなかったことが何度かありますが、僕はなんとも思わないようにしています。

僕はその人を信じたことで、いいこともありましたから。

もちろん、僕も人間ですから「この人と関わりたくないな」と思うことはあります。でも、その人が本当は何を考えているのかは分かっていません。だから、少し距離をおいていいところを探します。いつか僕と協力して何かに取り組むかもしれないと思っているからです。

たとえば、化粧をした女子高生、チャラ男といわれる若者、電車の中で携帯電話で話す人を見るのは気分のいいものではありませんが、外見や行動が嫌だなと思うだけで、話してみると、すごくいい人かもしれない。

だから、僕から誰かを嫌うことはやめようと努力しています。嫌いとか合わないとはねつけるのは最もラクな方法ですが、自分を伸ばす機会を阻んでいると思うからです。嫌なことばかり言う人が僕を伸ばす可能性は大なんです。実際にこれまでたくさん経験してきました。だから、どんな人とでもコミュニケーションを取ることが大事だと思います。

57

「みんな竹になろうよ」

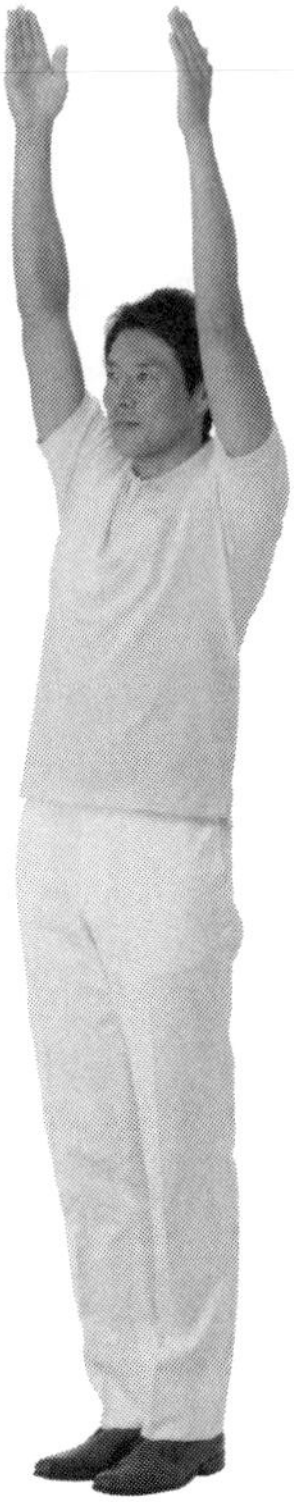

しなやかに力強く
竹のように生きる

僕のホームページ上にあるメッセージ動画。その中で人気があるのが、この「竹になろう」という言葉です。

この言葉を口にしたとき、僕が目にした竹林は強風に揺れていました。でも、折れる気配はない。しなやかに揺れて風をさばいていました。大雪が降って、重くのしかかってきても跳ね返す力もあります。魅力的だなと思いました。

竹はすごく日本的だと思いませんか？　竹取物語などの昔話があったり、香りがいいのでお酒を注ぐ器にもなります。叩くと響くコンッという軽やかな音もいい。さらに、食べても美味しい。竹には見た目の強さだけでなく、いろいろな魅力も詰まっています。

人も竹のような力強さと魅力を身につけると輝きを放てると思います。世の中の状況は刻々と変わっていきます。それでも人は生きていかなければいけません。

そんな状況で、弱々しく生きるより**竹のようにしなやかにどんなことでも跳ね返せる力を持って強く生きていきたい**ものです。そのためにも、いろんな経験の中で成功や失敗を繰り返して、どんなときでも軽やかに立ち向かっていく力を身につけていきましょう。

58

「上を見ろ！上には空と星だけだ！」

空は現実を忘れて
ほっと安心させる

「報道ステーション」でプラネタリウムの取材に行ったときに、星空解説54年の河原郁夫さん（80歳）に聞いた言葉です。**「夜空を見上げてください。空には月と星だけ。下を見ると現実が見えるけど、空には心を暗くするものはありません」**。

確かにそうだなと思いました。僕自身、現役時代も上を向くことを意識していました。まず、歩く姿勢。猫背を矯正するために、真っ直ぐ前を見なさいと言われましたが、僕は上を見る感覚で歩く練習をしました。その方がちょうどいい姿勢になったからです。コート上でいかにも強そうな態度で振る舞うために、ボールを打たずに2時間近くコートを歩く練習をしたこともあります。

上を向く効果は、集中力を欠いたり、強いストレスがかかったときにも効きます。空を見上げて自分が安心できるものを思い浮かべてください。僕の場合はおばあちゃんです。上を見ておばあちゃんの姿だけを思い浮かべます。現役時代はこの方法で冷静さを取り戻していました。

妻とケンカをしたときも僕は空を見上げます。そうすると、現実から少し離れて、ケンカした内容をすぐに忘れられます。

ちなみに、妻もよく上を見ています。

59

「いいときも、悪いときも、
とにかく
自分に正直になることが
いちばん大事なんだ」

強さも弱さも、ちゃんと把握するのが強さになる

オリンピックや世界大会など大きな大会で優勝したアスリートが、その後、スランプに陥ることは少なくありません。周りから応援されてもテンションが上がらないという話も聞きます。

競泳の北島康介選手も、アテネオリンピックで金メダルを獲得して不調に陥りました。このまま引退するんじゃないかと思えるほどでした。僕がインタビューしたときも、「今の自分は、ホントにやる気がないんです。どうしようもない。新しいヒーローを探した方がいいですよ」と言われました。彼の姿を見て、僕は北京オリンピックは無理かもしれないと思いました。オリンピックの金メダルを獲得した選手がここまで弱音を吐く、しかもひとりのスポーツキャスターに言うのは相当なことです。

でも、実際はどうでしょう。スランプを脱して、北京オリンピックでは2大会連続の金メダリスト。

僕は心の底から驚きました。同時に、気づいたことがあります。今、自分が置かれた状況に正直になることは、実は大事なことなんだと。**しっかり自分の足元を見つめ、受け入れることで前に進む力を得ることができる**んだと思いました。無理をしていませんか？　自分の今の状態を把握することは強くなるきっかけですよ。

60

「上海見てみろ。上海になってみろ!」

上海のように
変化を恐れず前進しよう

人は変化することに恐れを感じることがあります。新たな舞台に立つと、これまでとは大きく環境が変わるので不安を感じるからでしょう。

でも、変化せずに今の状態を維持できるかと言えばそんなことはありません。**変化に適応できないと衰えていくだけ**です。

僕は上海という街を見て、思いました。上海は常に変化と進化を繰り返して、新しい姿を見せています。なぜ、上海はそれほどまでに変わっていくのでしょうか。上海は変わるものというイメージがあるからです。期待されているということです。だから、期待に応えようと必死になっています。必死になるのは大事です。余計なことを考えないで、自分のすべきことに真っ直ぐ突き進んでいけるからです。

上海はどんどん新しいものを取り入れて、新しい人が加わっていきます。だから、変わっていけるのではないでしょうか。恐れない、ストップしない。ずっと動いています。

僕らも上海気分でどんどん変化していきましょう。そのために、自分から動くことを忘れてはいけません。上海だって周りがお膳立てしてくれているのではなく、自分から変化しています。

変化する努力をしましょう。上海も努力しています。

61

「不平・不満はポイズンだ！」

すっきりするのは錯覚
悪いものを溜め込んでいるだけ

不平・不満は誰だって言いたくなります。僕もそうです。人は不平・不満を言っているときほど生き生きしていることはありませんから。ただ、その後にやってくる不快感には嫌な気分になるはずです。毒のようなものです。

魅惑的に思えますが、心に悪いものを溜め込んでいるだけです。すべて自分に返ってきます。それが分かっていても人は不平・不満を口にします。これはもう、ポイズンですね。

不平・不満は「こういう悪い人もいる」と話すことで自分に安心感を与えているのではないでしょうか。自分はその人よりいい人なんだよということです。その部分もポイズンです。

不平・不満は、ほとんど自分が言いやすい形にして話しているはずです。ただ、**自分が言っていることは相手も言っている**と思ってください。さらに不平・不満を素晴らしいこと言うなあと思って聞いている人はひとりもいません。いいイメージで捉える人は少ないと思います。

すっきりしたと思うかもしれませんが、錯覚です。状況は悪くなっているると言った方がいいでしょう。何も変わらず、心だけが汚くなっているだけ。だから、不平・不満は口に出さない方がいいのです。

62

「笑顔は重なる、
笑顔は
エネルギーになる！」

演技の笑顔でも人を幸せな気分にできる

どんなときでも笑顔になることで、楽しさは倍増します。たとえば、食事をしているとき。ムスッとした顔で何も話さずに食べるのと笑顔でたくさんの会話を楽しみながら食べるのでは、同じ料理でも全く美味しさが違うはずです。

東日本大震災でも、避難所で笑顔を浮かべる子どもたちは、被災者の救いになっています。僕自身も困難なときほど笑顔を浮かべるように心がけています。

なぜなら、笑顔は力やエネルギーを与えてくれるからです。テニスの指導をするときも、失敗したときこそ「笑おうよ」と声をかけます。それが失敗を恐れない前向きな気持ちを生むからです。

こんなふうに、笑顔はいろいろなところで役に立ちます。はっきり言って、僕は作り笑顔で構わないと思っています。演技でも笑うことで、なぜかほっとしたり、楽しい気分になったりします。

そしてもう一つ。**ひとりの笑顔はそれで終わりません。周りの人にも広がっていきます。**赤ん坊の笑顔、おじいさんの笑顔……。誰の笑顔を見ても、つい笑顔になってしまいます。笑顔が広がれば、大きなエネルギーが生まれます。さあ、みなさん今日もたくさん笑いましょう。

63

「家族は史上最強の味方だ！」

守ってくれる、味方になってくれる家族には心から感謝しよう

家族の関係性が希薄になっています。僕は3人兄弟の末っ子で何でも自由に発言して、わがままな子どもだったと思いますが、家族全員が強い絆で結ばれていたと思います。もちろん、家族といってもそれぞれが全く異なる人であり、価値観や生き方も違います。それらを尊重しながら、松岡家のルールを守ったり厳しさもありましたが、しっかり育ててもらったと思います。家族全員で話す場もあり、納得できないことはとことん話し合うことができました。

それがいい家族なんだとは言いません。家族の形は家族の数だけあるはずですから。ただ、**家族の誰かに何かがあったとき、一所懸命に応援してくれるのは家族**だと思います。落ち込んだり、悩んでいる兄弟がいたら、そばにいてくれるのも家族です。何があっても味方になってくれるのも家族でしょう。厳しさもあるけれど、深いやさしさもある。それが家族ではないでしょうか。

だからこそ、家族には心から「ありがとう」と言いましょう。いろんな言葉を並べるよりも、ただ「ありがとう」で十分。そのひと言にすべてが詰まっていると思います。何度も口にするのが照れくさいなら、心の中で言ってください。「ありがとう」って。

64

「がんばる、という言葉は
とても明るい言葉だと思う」

目標に一歩ずつ近づく それががんばるということ

「がんばらない」という言葉が定着しました。十分にがんばっているのだから、それ以上のがんばりはストレスになるだけだということです。

僕はそのことを否定するつもりはありません。十分がんばっている人に僕も「がんばれ！」という言葉は使いません。

ただ、「がんばる」という言葉が辛く苦しいことのように思われているのはどうかと思います。

スポーツ選手に声援を送るとき、僕らは「がんばれ」と言いますよね。それが選手達にとっては、大きな力になっています。「がんばれ」には基本的に悪意がないから力になるんです。

僕は、「がんばる」は明るい言葉だと信じています。

なぜなら、がんばるためには一つの目標が必要だからです。そこに到達するためにがんばっている、努力しているということです。つまり、一歩でもがんばれば目標に近づけるわけですから、こんなに明るい言葉はないでしょう。

要は使い方だと思います。目標がしっかりあるときにはどんどん「がんばれ」と言っていいでしょう。ないときは、「がんばれ」は根性論だけになってしまいます。

65

「たくさんの人たちを押しのけてきているからこそ、がんばらなきゃいけないんだ」

負けた人の思いを感じればもっと強くなれる

スポーツの世界は、勝負の世界です。誰もが勝つことを最優先に、勝つために何でもする厳しさがあります。ルールの中で知恵を絞り、相手を欺くプレーは日常茶飯事です。

勝負の世界ですから、厳しい戦いを乗り越えて勝つ人がいれば、負ける人もいます。

スポーツ以外でも、競争はあります。受験、就職活動、企画会議、営業会議……。スポーツと同じように、みんな合格すること、成功することを最優先に考えているはずです。

でも、合格・不合格、採用・不採用という結果が必ず出ます。

このとき、うまくいった人はただ喜ぶだけでいいのでしょうか。僕はそう思いません。

うまくいかなかった人の悔しい気持ちを感じてほしいと思います。

自分と同じくらい、それ以上の思いで臨んだ人も多いはずです。

うまくいかなかった人の悔しさを感じながら、次のステップに立ち向かってください。そうすれば、簡単には諦めることなく、「僕は押しのけた人の分までがんばるんだ」と新たな力が湧いてきます。

66

「消極的とはすぐにおさらば！消してしまえばいい」

真逆の言葉という消しゴムで本気になって消しにかかろう

消極的な心を消すことはできます。非常にシンプルです。ただ、他人が「消えろ！」と念じてくれても消えません。自分しか消せないのがポイントです。**消しゴムで鉛筆の文字を消していくように、消極的なことが心に入り込んできたら、積極的にゴシゴシと消していく**ことです。具体的な方法としては、心の中でストップと言ってそれ以上に消極的なことが入り込まないようにする。逆のことを言うのも効果的です。「できない」と思ったら、「できる、できる」と言い続ける。最速で消極的なことにサヨナラを告げられる方法でしょう。

超ポジティブタイプの人も、ときどきネガティブになるのが人間です。「消極的」はそれほど強い存在なのです。なかなか消えてくれません。だから、消すことを極めていく必要があります。なんとなく消そうと思ったら、まったく消えないでしょう。「できないって思うの、やーめた」なんて気持ちでは消えません。強い気持ちで消しにかかる必要があります。

ただ、一度消し方を自分の中で探して、覚えてしまえばすぐに消せるようになります。考え方ですが、残ると思わないようにしましょう。「消極的」が住み着くという感覚は必要ありません。僕の中に消極的なものはないと考えるようにします。そう思うことは、誰でもできます。

67

「温泉はなあ、
人のことは癒しても、
温泉自身を
癒したことはないぞ」

人にやさしくするのは無償の愛が一番だ

人はつい見返りを求めてしまいます。「私がここまでやったのに……」と考えます。でも、それは本当のやさしさではないような気がします。

見返りを考えると頭の中でイメージしている間は楽しいかもしれません。何か好きなものを買ってもらえるかもしれない。旅行に連れていってもらえるかもしれない。想像が膨みすぎて、相手に与えたこと以上のものを期待していることがよくあります。

そうすると結果的にはどうなりますか？　想像した見返りはありませんよね。想像した分、せっかくやさしくしたことなのに、嫌な気持ちになったりします。見返りを求めること自体、虫が良すぎる話なんです。

温泉にゆっくり入ってみて気づきました。あれほど人の疲れを癒してくれる存在なのに、**温泉は僕らに何も見返りを求めてこない。**温泉は生き物ではないので当然かもしれませんが、それが本当の心のやさしさではないでしょうか。

見返りを求めない無償の愛は、そんな気持ちを持つだけで自分の心にいい栄養を与えます。どんな見返りよりも、きっと人の心を豊かにしてくれるはずです。

「お醤油ベースのお吸い物に
あんこ。
非常識の中に常識あり」

常識で考えたら新しいものは生み出せない

お餅の入ったシンプルなお吸い物でした。

「くいしん坊！ 万才」での出合いです。とてもあっさりした味を楽しめると早速口に運んでみました。お醤油ベースのお吸い物に柔らかなお餅？ いや、あんこの入った餅です。最初は変わった食べ物だ、非常識なものだと思いました。食べてみるとあっさりしながらも、あんこの濃厚な味が広がって想像していなかった美味しさを感じました。

そのとき、僕は非常識だからといって、あり得ないと勝手に判断してはいけないと思いました。非常識が実は絶妙な味を引き出したり、バランスを生んだりするからです。

何が常識かは経験する前に決めつけてはいけません。普通といわれる感覚でモノを見ないことです。新しいものを考え出したり、なかったものを生み出すときに常識の枠で考えたら、何も出てきません。

常識は、あくまで自分がそう思っているだけ。

人にはそれぞれ違う常識があります。正月のお雑煮ひとつ取っても、日本各地で常識は異なります。だから、広い視野に立って物事は見つめていきましょう。そうすれば、これまで以上に新たな発見に出合えるはずです。

69

「おまえは
誰に育ててもらったと
思ってんだ。
ホタテはな、
海に育ててもらったんだぞ！」

出会った人すべてに感謝しよう

僕らはひとりで生まれてきて、自分の力だけで大きくなったわけではありません。両親や家族の温かい愛情、出会ってきた人の友情、大切な人の愛情、先生や上司の叱咤激励、様々な応援や励ましに支えられながら今の自分はいます。出会ったのは、いい人ばかりではなかったでしょう。

でも、そういう人から受けた厳しさや与えられた悲しみ、悔しさも今の自分の一部になっているのは間違いありません。

人は自分で稼ぐことができるようになったり、生活が安定してきたりするとそういうことを忘れがちになります。

ホタテも最初は1ミリにも満たない、小さな小さなホタテでした。それが海という自然の中で温かさを感じたり、「ふざけんじゃねえよ」という厳しさを味わいながら大きくなっていきます。自分がそんな自然に育てられたことをちゃんと感謝しているからこそ、美味しいホタテになるのではないでしょうか。

僕はその感謝の気持ちが人生を大きく左右すると思っています。

なかなか実感できずに顔を背ける人もいますが、感謝することに早いも遅いもありません。気づいたとき、2枚の貝殻がピタリと閉じたホタテのように、しっかり手を合わせて感謝しましょう。

70

「何かができない理由は、年齢じゃない」

挑戦することで何歳からでも自分らしくなれる

何かにトライしたい、何かを始めたいと思っても「私はもう○歳だから、無理です」と言う人がいます。トライしない、できない理由を年齢のせいにします。これは年齢を言い訳にして、自分から限界をつくっているようなものです。

何歳だったとしても、「やってみたい」と挑戦することで人は生き生きしてきます。たとえば、2008年に37歳で現役に復帰したプロテニスプレーヤー・クルム伊達公子選手。多くの人が「復帰しても厳しい試合になるだろう」と思っていました。ところが2010年には、史上二人目の40代で世界ランク50位入り（46位）という快挙を成し遂げます。

彼女の挑戦する姿を見て、年齢や子育てを理由に諦めていたことに、もう一度挑戦しようとしている女性が増えているそうです。

僕はそんな挑戦に成功とか失敗といった結果は関係ないと思っています。挑戦することで自分らしくなれることが何よりも大切です。だから伊達さんは、あんなに生き生きして見えるのでしょう。

「やってみたい」と思ったとき、可能性は生まれます。それは年齢で制限されるものではないと思います。可能性を信じてあげてください。そして挑戦してください。きっと自分らしい生き方が始まるはずです。

「桜を見てみろよ。
桜はな、
1年のこのときのために
すべて出しているから
美しいんだ」

全力の準備が最高の結果につながる

日本一の花火職人を取材したときです。気の遠くなるような細かい作業を通して、一つの打ち上げ花火ができあがります。それでも打ち上げて、開くまでうまくいくかどうかは分からないと言われました。

花火は観る人を魅了しますが、僕はその花火をつくる準備段階に惹きつけられました。その本気になって取り組む準備がいいなと。

桜も花開くまでの準備で手を抜いていないはずです。だから、1週間くらいの短さですが、人が立ち止まって見つめてしまうほど満開の花を咲かせることができるのでしょう。

もし、桜が手を抜いていたら、厳しい自然に押し潰されて花を咲かせることもできないはずです。

満開になる1週間にすべての力を注ぎ込む桜の木の、手を抜かない準備は尊敬に値します。1週間は本当に素晴らしいですが、残りの期間は「この木、何だっけ？　何か表現しろよ」と僕が思っている間も、必死に次の満開を目指して準備しているはずです。

僕らも何かに取り組むときには桜の木のように全力で準備して、素晴らしい結果につなげましょう。

「味わってますか？人間味」

自分次第で楽しく人とふれあえる

僕は食べるとき、人間味を感じるかどうかで美味しさが変わると思っています。つくってくれた人、食材をつくった人の気持ちも感じながら食べます。「くいしん坊！ 万才」などではすぐ近くにつくってくれた人がいるので、より深い人間味と料理を味わうことができます。

僕は、人間味が大好きです。世の中の人みんなに、もっと味わってほしいと思います。

人間味。辞書で調べると「人間としての豊かな情緒。また、人間らしい思いやりや、やさしさ。人情味（デジタル大辞泉）」とあります。

人は人とのふれあいの中で生きています。家の中、街、会社の中、どこにいても、いつでもいろいろな人とふれあいながら生きています。

そんな人間を最初からまずく味わおうとしていませんか？ **第一印象や感覚で「こいつはダメだな」「この人とは合わない」と思ったら、まずくなる**のも当然です。

どうせなら美味しい味わい方がいいですよね。だったら、自分がどう味わうか。レストランのように美味しくしてくれるシェフはいません。相手の話し方だったり、表情、考え方、人にはたくさんの味があります。自分から探して、見つけて、味わってください。

73

「影にはカがある。影の下のカ持ちと言うだろ」

気づかないうちに
僕らは誰かに支えられている

世界の総人口は70億人を突破しようとしています。そのすべての人に出会う機会はないでしょう。でも、**僕らは気づかないうちに、たくさんの人に支えられています。**話したこともなければ、会ったこともないけれど、そういう影のような存在のおかげで僕らは生きていると言ってもいいでしょう。

もちろん、家族や仕事仲間などそばにいてくれる人も大事です。でも、影の気持ちがわかりますか？　人が生きているかどうかの証は影があるかないかでもわかります。影がない人は生きていないはずです。それほど大切な存在なのに、影はあまり注目されません。夕日に長く伸びる影に気づいたり、子どもの頃に影踏みという遊びをした程度でしょう。

それでも影は文句も言わずに、僕らが生きている証として必ずそばにいてくれます。影の下の力持ちと言いましたが、意味は縁の下の力持ちと同じです。見えなかったり、気づかなかったりしますが、それがないと生きていけない存在です。

実は、僕らも誰かのそんな存在になっています。僕らは気づかないうちに、知らない誰かを支えているわけです。しっかり支えて、支えられるために、僕らはそうやって生きていることを理解することが大事です。

「人間には思いもよらない力があるんだ」

自分の力を過小評価しない

自分の力を限定するのは自分です。自分はどうせこんなものだろうと思ってしまう。自分で勝手に思い込んで、結果をつくってしまう。自分の力を見極めてしまう。でも、そんなことはやってみなければ分かりません。

僕は18歳で単身アメリカに渡ったとき、世界的な名コーチであるボブ・ブレッドに言われました。「腕試しにプロの試合に出てみよう」。僕は「勝てない」と尻込みしました。そのときに言われたのが「つまらない恐怖心を持つな。人間には思いもよらない力があるんだ」。

その大会は小さなものでしたが、プロになるきっかけとなった僕にとっては大きな試合です。僕はコーチの言葉や自分を信じたことで予選を突破できました。5試合戦った予選で、2度マッチポイントを取られて負けそうになりましたが、乗り越える度に強くなる自分を実感しました。

それが、ボブに言われなければ気づかなかった僕の本当の力です。

みんなも同じだと思います。誰でも自分には思いもよらない力があるんです。それを信じて、実行できるかどうか。そこがポイントです。自分に対するイメージを変えてみましょう。もっと力があるはずです。

75

「予想外の人生になっても、
そのとき、幸せだったら
いいんじゃないかな」

予想できる人生は
それほど楽しいものではない

スポーツ選手は年齢をベースに、これからどんなトレーニングを積み重ねていくか考えます。素質や運も大事ですが、スポーツ選手に何よりも大事なのはどれだけのトレーニングをしていくか。だからこそ、年齢をベースに考えるのでしょう。また、選手生命もあります。スポーツ選手はほとんど人生の途上で引退することになります。そのため、自分のピークで最高の結果を得ようと綿密なスケジュールを立てるのです。

ただ、長い人生はそうもいきません。調子のいいときもあれば、悪いときもあり、劇的に環境が変わることもあります。予想もしていなかった仕事に取り組んでいる人もいるでしょう。**20代の頃に思い描いた人生を、そのまま生きていける人はほとんどいない**と思います。

僕自身、現役生活を終えてからの人生は予想もしなかった展開です。だからといって、つまらないのかと言えば楽しくて仕方がありません。もちろん、苦しいときや辛いとき、怒りを覚えるときもあります。それでも僕は今が幸せだと感じています。

その人自身が幸せだと思えるかどうか。それがすべてではないでしょうか。他人はまったく関係ないと思います。そうなるためには、日々の小さな目標を一つずつクリアすることが大事です。

76

「稲穂のようなおじぎができたら素晴らしいと思いませんか」

嫌々ではなく
真心を込めたおじぎをしよう

気持ちを込めておじぎができるのは素晴らしいことです。その姿には美しさがあります。深く頭を下げる。日本人らしい仕草です。

心からのおじぎができれば、卑屈に見えたり、なんとなく裏があるような印象にはなりません。された相手もうれしい気持ちになります。

見本になるのは、稲穂です。夏が終わる頃に金色に染まって深々と穂を垂れる稲穂。昔の人はその光景を見て、「稲穂のようなおじぎをしなさい」と言っていました。なんとなく分かっていたつもりでしたが、お米づくりを体験して稲穂を間近に見たときに見事な美しさだと感嘆しました。

その形は、まさに日本。絶妙のバランスでおじぎをしています。日本の心が入っています。実りが豊かなほど、おじぎの美しさは際立つとも思いました。

なぜ、形がいいのかと考えてみました。稲穂は人のように意思があったり、感情があるわけではないと思いますが、嫌々おじぎをしていません。とても自然です。人に強制されて頭を垂れているうわべだけではないということです。おじぎとはそうあるべきだと思いました。

僕らはたくさんの人に感謝をする機会があります。そのときには稲穂のようなおじぎを心がけると、自分も相手も清々しい気持ちになるはずです。

「泥んこ、ばんざーい！」

泥臭く、自分らしく生き生きと輝こう

汗を流して、がむしゃらに取り組む。泥臭いと言われますよね。僕はその言葉が好きです。泥臭い人は、他人の視線を気にしていない感じがします。

僕は「狂」という言葉も好きです。自分本来の姿でなければ、「狂」という状態にはなれません。誰か人を気にしていたり、何か考えていたら、「狂」にはなれない。だから、**狂うほど何かをやっているときは本当の自分に出会っている**と思ってます。まさに泥んこになるということです。泥臭く、自分らしくやっているときの方が生き生きしています。狂っているときほど無心だったりするわけです。歌手も本気で歌い上げているときは「狂」の状態だと思います。本当の自分を見せています。

僕が本気でカラオケをするのも「狂」になりたいからです。本当の自分に出会いたいからです。「狂」にならない限りはつまらない。何事も「狂」の状態で取り組むのは大事なことです。

もちろんですが、危ない方向の「狂」ではありません。無我夢中で遊んでいるときほど楽しいことはないのと同じです。子どもはよく「狂」の状態になっています。同じことをずっとやっていても楽しそうですからね。それが自分らしさだと思います。

78

「なにごとも反復力だ！」

地道な反復練習が自分の型をつくる

テニスでは軸がブレて、バランスが悪い状態、つまり基本的な型がないと、どんな練習をしても上達することはありません。だから、基本となるショットを何度も繰り返すわけです。野球でも春のキャンプで投手が200球投げ込んだ、野手が1000回素振りをしたという話題が出ます。それもしっかりとした型をつくっているということです。

型は自分の核になるものです。最も強固なものにするために、何度も繰り返すしかありません。昔の日本人はそんな地道な反復練習が得意でした。修業として叩き込んできました。

反復することはメンタルも安定させます。毎日、同じ時間のサイクルで仕事をするのは「つまらない」「刺激がない」と言いますが、実はメンタルリズムを安定させて、力を発揮しやすい状態にします。

イチロー選手は、毎日、球場に入る時間も練習する時間も同じだといわれています。だからこそ、好不調の波が少ないスーパースターといえる活躍ができているのかもしれません。

それでも同じことの繰り返しは嫌だと思う人は、物事を表面だけで見ていませんか。毎日、仕事の中で新たな発見や出会いがあるものです。そういうものを一つずつ探すことで、毎日が楽しくなるはずです。

79

「イワナを見てみろよ。
イワナはな、
余計な味付けは
いらないんだよ」

そのままの自分で勝負して味のある、中身のある人間になる

ファッションや髪型、お洒落を気にすることは大事なことです。僕もそう思います。ただ、そのことばかりに気を取られていないかと考えてみてください。**人は外見よりも、最終的には中身**です。

でも、人は自分に味付けをしたくなります。説明したり、背伸びをしたり。隣の芝生は青いではありませんが、周りが気になって仕方がないのかもしれません。味付けをしないと不安に感じるのかもしれません。だから、流行を追いかけます。流行はひとりで成り立つものではありません。たくさんの人が同じ服、行動を取ることで流行になります。

流行の最先端という言葉は魅力的に聞こえるかもしれませんが、実はみんなと一緒のことをしているだけです。自分の本質を隠すことになります。たとえば、化粧。流行に乗るとみんな同じ顔に見えませんか？　でも、人の顔はそれぞれです。キレイになる化粧の方法もそれぞれです。

イワナを食べてみてください。イワナは余計な味付けをせずに食べたときが一番美味しい。味のある人間、中身のある人間になれば、イワナと同じように味付けなんて必要ないんです。一度、そのままの自分で勝負してみましょう。そうすれば、自分のどこを磨けばいいのか、もっと自分らしくなれる方法が見つかりますよ。

80

「大切なのは心の環境だよね。
環境を変えられるのは、
自分の心」

本心＝良心が環境も自分もやさしくする

地球にやさしいエコライフ、環境問題がクローズアップされています。僕が環境問題に興味を持たずにいられなくなったのは、実体験からです。現役中、中国・北京でテニスの国際大会が行われたのですが、試合中、突然脈拍が上がり、呼吸がしづらくなって途中棄権しました。原因は光化学スモッグ。これ以上、環境が悪化したら、屋外でスポーツができなくなるなとそのとき実感しました。

今ではエコを意識した家電も多くなり、エコイベントも各地で行われています。ゴミの分別などを見ても、環境に対する意識は高まっていると思います。でも、僕が環境問題で最も注目するのは心の環境です。

地球にやさしい生活を送るには、**何よりも自分の本心＝良心に従って生きていくこと**が大事です。本心＝良心に従えば、ゴミをポイ捨てすることはないはずです。人が見ているかどうかは関係なく、ゴミを拾えば気分はいいでしょう。自分がしていることはいいことかどうか、自分で判断して行動に移せば、環境にも自分にもやさしい生活を送ることにつながっていきます。

自分の本心＝良心に聞いて行動することを覚えれば、どんなことでも自分なりの答えを引き出して前向きな気持ちにもなれるはずです。

81

「見た目で判断すんじゃないよ。心で感じろ！」

人は心で感じた方が本当の姿が見えてくる

テニスは心理戦です。相手選手の性格を見抜くことも勝利に近づく術です。その経験があるので、僕は相手の性格を見抜くことが得意です。多分、こうだろうとは思いますが、断定はしません。人は見た目ですべてが分かるほど簡単ではないからです。

だから、心で感じようとします。**心で感じるというのは、行動ではなく言葉に込められた相手の心を感じるということ**です。出てきた言葉から、相手がどういう思いで話しているのかを感じたいと思っています。

そのためには、相手が心を開いてくれないと感じられません。たとえば、僕はインタビューをするときにたくさんの情報を集めて、取材の相手がどんな言葉に喜んでくれるのかを探します。それを言うことで心を開いてもらえることはあります。答えるのに悩むような質問も本音を聞き出す有効な手段になります。ただ、どちらも時間がかかります。

見た目で判断するのはラクなことです。

なぜなら、自分が思いたい方向で判断できるので、どんどんその人を型にはめていくことができるからです。全然、その人のことを分かっていないのに、です。でも、はっきり言います。見た目で性格は絶対に判断できません。

「蓮根畑のように
粘っこく生きろよ!」

粘り強さは あらゆる力になる

蓮根畑に入ったことはありますか？　粘土質の土なので慣れていないと一歩も進めないほどネバネバしています。

そんな粘り強さは人が生きるためにも大事な要素です。発想する、アイデアを出す、成功する、人を説得する、了解を得る、あらゆることで粘りは一番の力になります。

仕事でも、何度も挑んで、仕上がるものが本物ではないでしょうか。ただ、粘り強く取り組むということは、簡単ではありません。だからこそ、やり遂げたときの達成感は大きくなります。

粘っこいものを想像してください。取っても取ってもくっついています。落とそうと思ってもなかなか落ちません。何があっても離れない粘っこさ。それが大切であり、そこから自分が本当にほしいものを手に入れられると思います。

目標に対しても、粘っこくいきましょう。

目標は真っ直ぐに突き進めば到達できるものばかりではありません。いろんな手法を駆使してたどり着くものです。一つの方法がダメだったからといって「じゃあ、違う目標を考えます」というのではなく、どんどん違う手法を考えて挑んでいく。それが粘っこいということです。

83

「曇って見えない富士山はな、心で見るんだ！」

目標を明確にすれば心の目で道筋は見える

勝手にできないと判断してしまう。見えないから無理だと考える。それでは本当にたどり着きたい目標には手が届きません。

たとえば、僕が曇りの日に本気で富士山を見たいと思ったら、どんなことがあっても待つでしょう。どうしても見たいので、どんな方向からでも見ようと試みます。それでも見えないなら、心で見ます。目の前に富士山があるぞとイメージする。**心の中で雲を外してしまえばいい**だけです。

そんな心の目を使うことで、マイナスになりそうなことをプラスに変えることができます。

富士山が目標だったとします。曇っていたら、そこまでの道筋が目では見えない。でも、イメージとしては見える。心では見ることができます。なぜなら、僕が行きたいのは富士山だとはっきりしているからです。

同じように、何かをやり遂げるまでには、いろんな壁がやってきます。その壁のひとつに自分の嫌いな人が立ちはだかることもあるでしょう。見えないではなく、見たくない状態になるかもしれません。諦めそうにもなるでしょう。でも、心の目で見てください。壁になった嫌いな人を横に外せば、はっきりと目標が見えるはずです。あとはつかみにいくだけ。夢は見続けるだけでなく、つかみにいくことで現実になります。

鏡に向かって誓え！

自分を強くする修造流スペシャル特訓法の最後は、鏡を使ったものです。鏡の前に立ち、目の前に映る自分に叶えたいことを言います。

鏡に映る自分に声をかけるということは、自分が**もうひとりの自分にしっかり何かを伝えたいときに非常に効果的**です。だから、鏡に向かうときには積極的なことを言いましょう。鏡に映る自分に言い聞かせながら、鏡の中の自分からも言われている感覚になるので、何も見えないときより2倍の効果があります。

大声を出す必要はありません。鏡に向かって強い言葉を投げかけるという感覚で向き合いましょう。その言葉はどんどん体に染み込んでいって自然に行動に移せるようになります。積極的な言葉を言う度に消極的な自分も消していけます。

積極的なことは心にも体にもいいことですが、すぐに消えてしまいそうになります。だから、毎日欠かさず歯を磨くような習慣にして言い聞かせることが大事です。だから、僕は起きたときと寝る前に、鏡に向かって声をかけています。

大声を出す必要はないと言いましたが、**朝は少し大きな声で「できる、できる」**と言ったりもします。ただ、ホテルに滞在しているときは迷惑がかかるので小さな声です。心の中で言っても効果は薄れません。ポイントは強い気持ちで言うことです。

「お前、何やってんだあ！」と怒ることも多少の効果はありますが、「お前はできる！」という言葉の方が心に入りやすいでしょう。鏡に映る自分は、言葉を投げ返してきます。怒ったら怒られます。励ませば励まされます。それが鏡というものです。つまり、鏡に弱々しい自分を映し出すと、すぐに消極的な自分にもなってしまうということです。

「これでいいのか？」といった問いかけもいいでしょう。自己暗示をかける、自問自答するときに鏡に向かうのも効果的です。悩みや迷いが生じたときに答えがほしいと思ったら、鏡の前に立ってみてください。

ちなみに、ガラスに映る自分に言い聞かせるのも同じ効果があります。朝、鏡の前で言う時間がない場合は、電車の窓に映る自分に言うのもいいでしょう。ただし、「大丈夫」と声を出すと周りの人が驚いてしまいます。心の中で言うようにしてください。

参考文献

ドントウォーリー！　ビーハッピー‼　松岡修造の生き方コーチング（光文社）
本気になればすべてが変わる　生きる技術をみがく70のヒント（文藝春秋）
人生の黒板（アスキー）
叱ってほめて抱きしめろ！　こうすれば子どもは変わる（学習研究社）
熱血お悩み応援団 松岡修造のエネル言
～２７００人の子供の悩み答えます！（小学館）
カッコいい大人になるための7つの約束（学習研究社）
僕はこう思うんだ（双葉社）
「本気」の言葉～思い通りにいかない時こそ！（祥伝社）
セカンド・ドリーム～もうひとつのセンター・コート（集英社）
ＴＨＥ 保育（フレーベル館）
ＳｔａｙＧｏｌｄ　フィギュアスケート編（ナナ・コーポレート・コミュニケーション）
ＳｔａｙＧｏｌｄ　水泳編（ナナ・コーポレート・コミュニケーション）
松岡修造オフィシャルサイト　（http://www.shuzo.co.jp/）

松岡修造の
人生を強く生きる
83の言葉

発行日　2011年7月7日　第1刷
発行日　2015年7月21日　第31刷

著者　松岡修造

デザイン　細山田光宣（細山田デザイン事務所）
撮影　森モーリー鷹博
スタイリスト　中原正登（フォーティーン）
ヘアメイク　大和田一美（APREA）
制作協力　IMG 東京支社
編集協力　洗川俊一、洗川広二

編集担当　杉浦博道
営業担当　増尾友裕
営業　丸山敏生、熊切絵理、石井耕平、菊池えりか、伊藤玲奈、綱脇愛、櫻井恵子、吉村寿美子、田邊曜子、矢橋寛子、大村かおり、高垣真美、高垣知子、柏原由美、菊山清佳、大原桂子、矢部愛、寺内未来子
プロモーション　山田美恵、浦野稚加
編集　柿内尚文、小林英史、伊藤洋次、舘瑞恵、栗田亘、片山緑、森川華山
編集総務　鵜飼美南子、高山紗耶子
メディア開発　中原昌志
講演事業　齋藤和佳、高間裕子
マネジメント　坂下毅
発行人　高橋克佳

発行所　株式会社アスコム

〒105-0002
東京都港区愛宕1-1-11　虎ノ門八束ビル
編集部　TEL：03-5425-6627
営業部　TEL：03-5425-6626　FAX：03-5425-6770

印刷・製本　中央精版印刷株式会社

Printed in Japan ISBN 978-4-7762-0677-4